MÉMOIRES

DE MOLÉ,

PRÉCÉDÉS

D'UNE NOTICE SUR CET ACTEUR,

PAR M. ÉTIENNE.

LE COMÉDIEN,

PAR M. REMOND DE SAINTE-ALBINE.

A PARIS,

CHEZ PONTHIEU, LIBRAIRE,

AU PALAIS-ROYAL.

1825.

COLLECTION

DES MÉMOIRES

SUR

L'ART DRAMATIQUE,

PUBLIÉS OU TRADUITS

Par MM. ANDRIEUX,   MERLE,
BARRIÈRE,   MOREAU,
FÉLIX BODIN,   OURRY,
DESPRÉS,   PICARD,
ÉVARISTE DUMOULIN,   TALMA,
DUSSAULT,   THIERS,
ÉTIENNE,   Et LÉON THIESSÉ.

NOTICE SUR MOLÉ,

PAR M. ÉTIENNE.

LE génie du poète, la pensée de l'orateur, le talent de l'artiste revivent dans leurs ouvrages, la presse ou le burin transmet à l'avenir le plus reculé les souvenirs et les preuves de leur gloire. Les hommes qui se vouent à l'art difficile de la déclamation théâtrale sont moins heureux : la tradition seule fait passer à la postérité l'éclat de leurs succès, pour ainsi dire viagers ; tout s'éteint avec eux, et quand même ils laissent des préceptes ou des mémoires sur leur art, ce n'est point l'acteur qui revit, c'est le maître qui professe. Lekain a beau imprimer cent pages sur la manière dont il représentait Mahomet ou Orosmane, nous ne nous faisons qu'une idée vague de son jeu ; il n'a pu nous transmettre l'énergie de son âme, le feu de ses regards et l'éloquence de sa pantomime. Il faut l'avoir vu. Ceux qui sont venus après lui ont entendu dire qu'il étoit sublime; ils l'ont répété à une autre génération qui l'apprendra à toutes les générations suivantes.

C'est ainsi que le nom de Roscius est parvenu jusqu'à nous, c'est ainsi que le nom de Molé traversera les âges. De tous les acteurs qui ont brillé sur la scène française, aucun n'a obtenu des succès plus variés, plus éclatans; aucun n'a réuni à la fois plus de profondeur et plus de légèreté, plus de tenue et plus d'abandon, plus de savoir et plus de grâces. Je l'ai vu dans les cinq dernières années de sa vie, et je me suis fait une idée, par la perfection d'un talent qu'avaient mûri l'expérience et l'étude, de ce qu'il devait être quand il était embelli des charmes de la jeunesse; car il en avait conservé tout le feu, et, presque septuagénaire, il exprimait avec une chaleur entraînante les passions les plus tendres ou les plus impétueuses. Il joua pour ainsi dire jusqu'à ses derniers

momens : sa vieillesse ressembla à son enfance ; à peine il bégayait, qu'il jouait déjà
la comédie. On peut dire qu'il est né et
qu'il est mort acteur.

René-François Molé, né à Paris le 24
novembre 1734, appartenait à une famille
estimée de la bourgeoisie ; on a même dit
qu'elle descendait de la même souche que
celle des illustres magistrats de ce nom ;
mais rien n'est moins prouvé, et la chose
fût-elle d'ailleurs certaine, serait fort indifférente au talent et à la carrière du célèbre
acteur.

Le père de Molé était né dans une honnête aisance, mais des malheurs successifs
lui enlevèrent sa fortune, et il fut obligé de
se faire une ressource d'un art que dans sa
jeunesse il avait cultivé comme amusement.
Il était graveur ; sa profession lui rappor-
tait peu ; attaqué d'une maladie de poitrine
qui le conduisit très jeune au tombeau, il
lui était impossible de se livrer à un travail
assidu, et il eut la douleur de ne pouvoir
donner à ses trois garçons l'éducation que

lui-même avait reçue. Il fut leur seul insti-
tuteur, leur apprit le calcul et leur donna
quelques élémens de littérature; toute son
ambition était de les placer dans les bureaux de la ferme générale, seule carrière
où l'on pût alors faire son chemin sans
naissance et même sans talent. Mais ce bon
père avait à peine fait entrer ses deux aînés
chez un notaire qu'il mourut dans un état
de profonde misère; sa veuve n'avait pas
même les moyens de fournir aux frais de
sa sépulture, et il allait être jeté dans ce
vaste abîme de la mort qu'on nomme la
fosse commune, et où l'on précipite pêle-
mêle les générations pauvres, quand le
jeune René, au désespoir d'une humilia-
tion qui pesait sur son cœur sensible et
fier, s'avisa d'implorer la pitié d'un voi-
sin, vieux célibataire et véritable Harpagon, qui, charmé des grâces de sa figure,
aimait quelquefois, lorsqu'il sortait à peine
du berceau, à le prendre sur ses genoux,
et à se divertir de ses espiégleries et de ses
grâces enfantines.

Les larmes du jeune homme le trouvèrent insensible; mais il embrassa ses genoux avec tant d'effusion, sa douleur filiale
eut tant d'éloquence, qu'il attendrit enfin
ce cœur d'airain, et qu'il obtint de l'avare,
qui n'avait jamais prêté qu'à usure et sur
de solides gages, dix louis que le jeune
Molé consacra tout entier à la sépulture
de son père. Ce fut le premier triomphe
de cet art puissant d'émouvoir qu'il avait
reçu de la nature, et auquel il dut, dans sa
longue carrière, de si nombreux succès.
Il répétait souvent qu'il n'en avait jamais
obtenu de plus doux.

Ce fut aussi la première dette qu'il s'em-
pressa d'acquitter. Le plus beau jour de sa
vie fut celui où il remit la somme que le
vieux usurier lui avait prêtée; et où il put
s'acquitter d'un bienfait si cher à son
cœur.

Placé dans les bureaux de M. Blondel de
Gagny, intendant général des finances, le
jeune Molé y jouissait du traitement mo-
dique de 800 fr. d'appointemens; mais il

travaillait peu.. La sécheresse des affaires,
l'aridité des chiffres excitaient en lui un
profond dégoût ; on le surveilla, et on s'a-
perçut bientôt qu'au lieu de remplir ses re-
gistres ou de tenir ses écritures, il passait
sa journée à réciter des scènes de tragédie.
Préludant à ses futurs succès, il rangeait
les chaises de son bureau de façon à figurer un parterre ; se faisant un manteau tragique du tapis qui couvrait sa table à
écrire, il montait majestueusement sur ce
théâtre improvisé, et y débitait tour à
tour les rôles de Séide, d'Hippolyte, d'É-
gyste et de Titus.

Ce fut dans cette position que le surprit
un jour l'intendant des finances. Molé se
crut perdu ; mais M. Blondel était un
homme sensible et éclairé ; il aimait les
lettres ; il découvrit dans le jeune Molé le
germe d'un vrai talent, et se fit un plaisir
d'encourager, de cultiver ses heureuses
dispositions ; il l'admit même à plusieurs
de ses soirées où il charma la société par
la magie de son débit et par les grâces ex-

pressives de sa pantomime. M. Blondel de
Gagny fit plus, il eut la bonté de lui conserver ses appointemens, sans exiger de lui
un travail assidu. Il ne faisait pour ainsi
dire, dans les bureaux, qu'un simple acte
de présence; il n'était exact qu'au parterre
de la Comédie française. Tout l'argent de
ses modiques honoraires se dépensait en
frais de spectacles; on ne distribuait pas
alors de billets gratis aussi facilement qu'aujourd'hui. Notre jeune enthousiaste se pri-
vait du plus stricte nécessaire; souvent
même il se contentait de pain sec et il se
passait de dîner. Il thésaurisait pour avoir
le moyen de payer une place le jour de la
pièce nouvelle. Avant midi il se collait, pour
ainsi dire, au bureau; le premier billet dis-
tribué, c'était toujours lui qui l'avait, et
c'était toujours lui qui sortait le dernier
de la salle. Il aurait voulu que le spectacle
ne finît jamais; là se concentraient tous
ses plaisirs, toutes ses illusions. Obligé
de cacher à sa mère, femme extrêmement
pieuse, sa passion pour le théâtre, il se

renfermait dans sa chambre, s'amusait à
répéter les intonations, les attitudes et les
gestes des acteurs célèbres qu'il avait vus la
veille, et apprenait par cœur toutes les tragédies de Corneille, de Racine et de Voltaire; mais il avait besoin d'une scène plus
vaste et moins solitaire. On devine bien que
peu à peu il s'était lié avec des personnes
qui partageaient ses goûts ; à Paris les talens analogues se cherchent et se trouvent
facilement. Une société d'amateurs jouait la
comédie au Temple; Molé parvint à s'y faire
recevoir, et ce fut sur ce modeste théâtre,
à côté de Feulie et d'Auger, qu'il préluda
aux succès brillans qui l'attendaient sur
la scène nationale.

Les comédies bourgeoises étaient alors
la pépinière des grands acteurs ; c'est là que
s'exerçaient des jeunes gens d'honnêtes familles, peu favorisés de la fortune ou jetés par
leurs passions dans une carrière qui offre
tant d'attraits à un talent véritable, et tant
de séductions à la vanité ou à la paresse.
Molé y produisit une telle sensation, qu'il

obtint, sans le solliciter, des gentilshommes
de la chambre, un ordre de début à la Comédie française. Qu'on se peigne sa joie,
son bonheur! Voilà ses plus chers désirs
accomplis! Le voilà auprès de ces talens
sublimes qu'il a si long-temps admirés ; le
voilà au milieu des Bellecourt, des Préville,
des Lekain, des Brizard, des Clairon, des
Gaussin, des Dangeville, élite brillante des
favoris de Melpomène et de Thalie. Sans
penser à l'avenir, ou plutôt comme s'il ne
doutait pas de sa fortune, il quitte bureaux,
appointemens, et dit un éternel adieu à la
finance. A dix-neuf ans il débute sur le
premier théâtre du monde, il se trouve
mille fois plus heureux qu'un fermier général. Le 7 novembre 1754 il parut, pour
la première fois, dans Britannicus et dans
Olinde de Zénéïde, et quelques jours après,
il joua Nérestan et Séïde. On trouva au
jeune débutant une figure charmante et
beaucoup de naturel, qualités précieuses
au théâtre; mais sa voix parut faible, et
sa déclamation tant soit peu ampoulée. On

reconnut cependant que son organe était
de nature à se fortifier avec l'âge, et que
ses autres défauts pouvaient se corriger
par l'expérience et l'étude. On avait alors
le droit d'être difficile à la Comédie française; le parterre n'était point un mélange confus d'hommes sans lumières et
sans éducation. Il était sévère et juste;
Molé fut encouragé, mais ne fut point reçu.
Il subit son arrêt sans murmure, et alla
s'engager dans une troupe de province,
école où se formaient alors les jeunes acteurs, parce qu'on jouait dans ce temps-là
les ouvrages des maîtres de la scène, et
que le talent n'y était point faussé dans ces
compositions bâtardes, nées de la déca-
dence de l'art et de la corruption du goût,
qui passent des tréteaux de nos boulevards
sur les premiers théâtres de nos départe-
mens, et pervertissent à la fois les acteurs
qui les jouent, et le public qui les écoute.

Molé, après avoir passé quatre ans
en province, reparut sur le théâtre français, le 28 janvier 1760, par le rôle

d'Andronic ; son talent parut s'être forti-
fié par l'exercice ; sa voix était toujours un
peu faible, mais sa diction était pure, sa
prononciation exacte, et ces avantages
étaient d'ailleurs relevés par les dehors les
plus séduisans ; ses traits étaient réguliers,
sa physionomie expressive, sa taille déliée,
sa démarche vive et légère, et ses mouvemens pleins de feu et de grâce. On l'avait
d'abord trouvé un peu froid, soit que la
timidité eût paralysé l'énergie de son âme,
soit que, dans un âge encore si tendre, le
développement de ses facultés physiques
ne fût point complet. On lui reprocha
bientôt de tomber dans un excès contraire ;
en effet, jamais acteur ne montra sur
la scène une sensibilité plus communica-
tive et plus ardente ; et désormais sa principale étude fut de modérer l'excès d'une
chaleur qui l'entraînait souvent au-delà du
but.

Ses rapides succès, la remise du *Sage
étourdi*, dans lequel ses camarades lui
confièrent le rôle principal, et la manière

originale dont il le remplit, lui assurèrent
bientôt le titre de sociétaire de la Comédie
française, qu'il ambitionnait presque depuis son enfance comme le terme de toutes
les grandeurs humaines.

Molé jouait la tragédie et la comédie,
d'après les règlemens de ce temps-là, qui
obligeaient les acteurs à paraître dans les
deux genres ; aux premiers temps de
sa carrière théâtrale, il semblait même
rendre un culte plus fervent à Melpomène
qu'à Thalie ; mais à côté de Lekain, doué
d'une organisation vigoureuse, et dans
toute la force de l'âge et du talent, il pouvait tout au plus aspirer à la deuxième
place ; sa santé, un peu frêle, s'accommodait
avec peine d'un genre qui exige tant de
fatigue, et qui use si promptement un tem-
pérament faible. D'ailleurs dans la comédie Grandval s'éteignait, et Bellecourt, toujours noble, mais souvent un peu lourd et
un peu froid, touchait au terme de sa
carrière théâtrale. Le premier rang allait
vaquer, et Molé en prit d'avance posses-

sion. Dès lors il se livra à une étude profonde de son art. Il se jeta dans le monde qu'il devait imiter, et il observa surtout les gens de cour et les petits-maîtres qu'il devait jouer, comme un peintre observe ses modèles qu'il veut faire vivre sur la toile. Ce genre fut en quelque sorte créé par lui. Il fixa sa réputation, et il acheva sa fortune. *Heureusement*, comédie de Rochon de Chabanne, imitée des Contes soi-disant moraux de Marmontel, petite pièce dont la dimension et le mérite ne s'élèvent guère au-dessus du proverbe dramatique, fut le premier ouvrage qui décida de sa destinée et qui commença sa vogue. Le rôle de Lindor exigeait tant de grâces, de gentillesse et de vivacité, que l'auteur voulait le confier à une femme. Molé le lui demanda, en lui garantissant une réussite complète; Rochon de Chabanne y consentit, et il fut bien inspiré. La pièce, représentée médiocrement, se serait perdue dans la foule de ces pâles comédies qui ne font que naître et mourir; et le jeu brillant de Molé la porta aux nues; tout Paris y courut, et peut-être elle ne doit l'honneur de figurer encore sur le grand Répertoire qu'au souvenir éclatant de son premier succès.

Il excita un bien autre engouement dans le rôle du marquis du *Cercle*, petite comédie de mœurs, qui peint si bien l'époque où elle fut jouée; esquisse fidèle et hardie de la frivolité et de la corruption d'un temps qui excite si amèrement les regrets de nos dévots d'antichambre et de nos moralistes de cour. Ce mélange de légèreté d'esprit et de sécheresse de cœur, de ridicule et de cupidité, exigeait dans l'acteur une finesse de tact, une pureté de goût, et des nuances d'une délicatesse exquise. Comment exposer aux yeux d'une jeune noblesse, sans la révolter ou sans la faire rougir, un colonel qui brode et qui fait des nœuds? Mais la manière charmante dont Molé tirait des jarretières de sa poche, ses airs de grand seigneur, ses manières vives et lestes, ses grâces enchanteresses, cette fleur de galanterie et de bon ton, et cette magie éblouissante du talent qui pare le ridicule et qui embellit jusqu'au vice, excitèrent l'admiration des loges où se trouvaient les originaux, et la gaîté maligne du parterre, qui riait à la fois de la fidélité de la copie et de la bonhomie des modèles.

Molé rendit alors aux jeunes seigneurs de la cour ce qu'ils lui avaient prêté ; il avait étudié des ridicules individuels, dont il avait composé un tout : le théâtre est une optique où il faut toujours un peu exagérer la vérité ; mais Molé était si élégant, si délicieux, que la jeune noblesse se mit à l'imiter, et que les originaux se firent copie. Ainsi chacun ajouta au ridicule qu'il avait déjà le ridicule d'un autre, comme s'ils s'étaient fait une espèce de don mutuel : dans une pièce qui était une satire sanglante des classes élevées de la société, elles ne trouvèrent qu'un tableau parfait de leurs amusemens, et dans l'acteur qui humiliait l'habit et l'honneur militaire par une légèreté cruelle et un caractère efféminé, les jeunes seigneurs ne virent qu'un modèle de bon ton et qu'un professeur de grâces.

Molé était devenu pour le public de toutes les classes une espèce de petit dieu. Une maladie très grave, dont il fut atteint vers cette époque, fit éclater jusqu'à l'excès l'amour ou plutôt l'adoration qu'avait inspirée son talent. Passionné pour son art, jouant presque tous les jours la tragédie et la comédie, et tous les mois quelque rôle nouveau, homme de plaisir et homme à la mode, Molé avait une santé trop délicate pour résister long-temps aux succès du théâtre et aux succès du monde.

Une fluxion de poitrine le mit aux portes du tombeau, et le tint pendant six mois éloigné de la scène. Ce fut un long deuil pour Paris et Versailles; chaque soir le parterre demandait des nouvelles de l'acteur chéri; et tous les matins une longue file de voitures en attendait à sa porte. Louis xv lui fit envoyer deux gratifications de 5o louis. On ne s'entretenait

dans tous les cercles que du cher malade;
on recueillait avec avidité un demi-mot de
son médecin; et les femmes, toujours plus
ardentes dans leur enthousiasme, louaient
des loges huit jours à l'avance pour avoir
des nouvelles officielles de sa santé. Cet
engouement un peu ridicule, qui caracté-
risait alors notre nation, excita la haine
des envieux, la malice des frondeurs et la
pitié des sages. Il faut que les hommages
soient proportionnés au mérite; s'ils l'ex-
cèdent, celui qui les reçoit en porte tôt ou
tard la peine : le public, qui finit par se
rendre justice, applaudit lui-même aux
traits dirigés contre son héros, et l'idole de
la veille devient la victime du lendemain.

Des couplets satiriques contre l'acteur
firent fortune; c'était ainsi que se rendait dans ce temps la justice publique.
L'orgueil, comme la monarchie, n'était
modéré que par des chansons. D'illustres
personnages, qui bravaient les lois et le
public, tombaient sous les traits légers
d'un vaudeville ou d'un refrain populaire.

Il faudra peut-être en revenir à la justice
de ce temps-là, puisqu'on veut absolument
nous ramener à ses mœurs; mais ceux qui
tiennent à reprendre leurs ridicules ne
veulent pas que nous reprenions nos chansons : on pouvait alors se moquer d'eux, et
désormais ils auront seuls le privilége de se
moquer de nous. Molé servant de modèle à
tous les brillans marquis de l'œil-de-bœuf,
on le traita comme un grand seigneur; on
le chansonna, et ceux-là même qui avaient
poussé l'engouement jusqu'au fanatisme,
furent les premiers à colporter les couplets
vengeurs. Il existait alors chez Nicolet un
grand singe qui divertissait tout Paris par
ses tours et sa gentillesse. Ce malicieux
rapprochement fut saisi par le satirique.

> Quel est ce gentil animal
> Qui, dans ces jours de carnaval,
> Tourne à Paris toutes les têtes,
> Et pour qui l'on donne des fêtes?
> Ce ne peut être que Molet (1)
> Ou le singe de Nicolet.

---

(1) Il avait pris le nom de *Molet* dans les premières années
de sa carrière théâtrale.

Vous eûtes, éternels badauds,
Vos pantins et vos ramponeaux;
Français, vous serez toujours dupe.
Quel autre joujou vous occupe?
Ce ne peut être que Molet
Ou le singe de Nicolet.

De sa nature cependant
Cet animal est impudent;
Mais dans ce siècle de licence
La fortune suit l'insolence,
Et court du logis de Molet
Chez le singe de Nicolet.

Il faut le voir sur les genoux
De quelques belles aux yeux doux,
Les charmer par sa gentillesse,
Leur faire cent tours de souplesse;
Ce ne peut être que Molet
Ou le singe de Nicolet.

L'animal, un peu libertin,
Tombe malade un beau matin;
Voilà tout Paris dans la peine,
On crut voir la mort de Turenne;
Ce n'était pourtant que Molet
Ou le singe de Nicolet.

La digne et sublime Clairon
De la fille d'Agamemnon
A changé l'urne en tirelire,
Et dans la pitié qu'elle inspire

Va partout, quêtant pour Molet,
A. la cour et chez Nicolet.

Généraux, catins, magistrats,
Grands écrivains, pieux prélats,
Femmes de cour bien affligées,
Vont tous lui porter des dragées.
Ce ne peut être que Molet
Ou le singe de Nicolet.

Si la mort étendait son deuil
Ou sur Voltaire ou sur Choiseul,
Paris serait moins en alarmes
Et répandrait bien moins de larmes
Que n'en feraient verser Molet
Ou le singe de Nicolet.

Peuple, ami des colifichets,
Qui porte toujours des hochets,
Rends grâces à la Providence
Qui, pour amuser ton enfance,
Te conserve aujourd'hui Molet
Et le singe de Nicolet.

Cette chanson mordante et même d'une satire un peu cruelle, a surtout le mérite de bien peindre l'époque où elle fut faite. On ferait presque l'histoire de nos mœurs par le recueil successif de tous les vaudevilles satiriques. Elle eut le sort de toutes les productions de ce genre; on en parla quinze jours. Le talent de l'acteur était assez robuste pour en triompher ; les petites satires ne tuent que les petits mérites. La convalescence de Molé n'en fut pas moins annoncée comme un grand événement, et sa prochaine rentrée au théâtre comme un bonheur public.

Quelqu'un s'avisa de dire dans un cercle à la mode que son médecin lui avait recommandé les vins généreux, et dans un seul jour deux mille bouteilles des premières caves de Paris et de Versailles descendirent dans la cave de l'heureux comédien. Enfin le jour où il doit reparaître est annoncé, toutes les loges, toutes les places étaient retenues depuis trois mois ; et telle femme du plus haut rang, qui s'y était prise une heure trop tard, fut heureuse de se trouver foulée dans un coin du paradis. La crainte de perdre Molé avait produit une impression plus profonde qu'un grand revers national ; la joie de le revoir excita plus d'ivresse qu'une éclatante victoire. Comment peindre les transports, l'admi-

ration, les cris, les trépignemens que fit
naître sa présence ? Comment faire reten-
tir ce bruyant et unanime concert de
bravos ; ce tonnerre d'applaudissemens qui
ébranlèrent les voûtes au moment où il
reparut sur la scène, si long-temps veuve ?
Cette rentrée ne fit pas moins valoir le dé-
sintéressement de l'acteur que ses incom-
parables talens. On devait donner une représentation à son bénéfice dans une salle
de société ; et cette faveur n'était pas alors
prodiguée comme elle l'est aujourd'hui.
Ses camarades l'engagèrent, dans son intérêt, à ne reparaître en public que lorsqu'il aurait joué à son profit ; mais, dévoué
à la société qui l'avait admis dans son sein,
et qui avait souffert de sa longue absence,
il voulut absolument lui consacrer les pré-
mices de ses premiers travaux, et se montra plus digne encore, par cette preuve
d'une excessive délicatesse, de toute la faveur publique. Les acteurs sont un peu plus
égoïstes aujourd'hui ; les intérêts de leur
société ne passent qu'après les leurs ; mais

la comédie étant l'image du monde, il est tout simple que les comédiens ressemblent aux hommes de leur époque.

Molé ne perdit rien, du reste, à ce procédé généreux; les billets étaient à un louis, et ils furent enlevés en moins d'un soir; ils eussent été mille fois plus nombreux qu'il n'en serait pas resté un seul. Tous les grands seigneurs et tous les ministres en avaient pris; on dit même que plusieurs prélats figuraient secrètement au nombre des souscripteurs. Ce ne fut qu'avec beaucoup de peine qu'on dissuada Louis xv d'assister à cette représentation, qui se donna dans la maison du baron d'Esclapon. Elle se composait de la tragédie de *Zelmire* et de *l'Époux par supercherie*. Mlle Clairon, retirée depuis quelque temps du théâtre, à la suite d'une dispute fameuse qui agita la ville et la cour, s'était chargée du rôle de Zelmire. La recette s'éleva à 24,000 francs; et, si l'on en croit la chronique du temps, elle fut bientôt dissipée. Molé aimait la dépense;

il était fastueux dans sa maison, et magnifique dans ses plaisirs; livré tout entier
aux séductions du monde et à l'étude de
son art, il s'occupait peu du soin de ses
affaires; aussi, avec beaucoup d'argent,
avait-il toujours beaucoup de dettes. On
voit que ce n'est pas sur le théâtre seulement qu'il imitait les gens de cour.

Il faut du moins lui rendre cette justice,
que son amour un peu vif pour les plaisirs
ne lui fit jamais négliger ses devoirs; il
jouait quatre ou cinq fois par semaine; et
paraissait tour à tour dans les deux genres.
Ce qu'il a appris de rôles nouveaux dans
sa carrière théâtrale passe toute croyance;
et combien peu d'ouvrages ont survécu!
On ne saurait trop regretter qu'un si admirable acteur soit venu à une époque où
la comédie était dégénérée, et qu'il ait
prêté la magie de son talent à des compositions bâtardes, dénuées de toute verve et
de toute vérité, qu'il est parvenu, à force
d'art, à faire végéter quelques jours. Aussi
disait-on, dans ce temps où l'on était sur-

tout fort pour les jeux de mots, que Molé
était le faux monnayeur qui avait mis le
plus de mauvaises pièces dans la circula-
tion. C'est à lui que Dorat doit le succès
de sa *Feinte par amour*, triste et froide
enluminure que l'acteur embellit par la
légèreté et par la finesse de son jeu. Le
succès en fut disputé, mais Molé tenait à
son rôle, et soutint la pièce. C'est à son
obstination seule qu'elle doit d'être restée
au théâtre, où on la voit encore quelquefois parce qu'elle offre un rôle de début
brillant pour les petits-maîtres.

Ce qui distingue Molé parmi tous les
grands comédiens qui ont brillé sur la
scène, c'est qu'il était également parfait
dans les rôles gracieux et dans les rôles
passionnés, et qu'il passait avec une facilité merveilleuse du persiflage d'un petit-
maître aux accens les plus pathétiques et les
plus déchirans. Ce fut à peu près à la même
époque qu'il joua Saint-Albin du *Père de
famille*, et le marquis du *Cercle*, Beverley
dans la pièce de Saurin, et Dormilly dans

les *Fausses Infidélités* de Barthe. Chacun
de ces ouvrages fut pour lui un nouveau
triomphe ; dans Saint-Albin, il exprimait
avec une brillante énergie toute la chaleur
d'une passion vive et profonde, tous les
cœurs étaient émus, tous les yeux étaient
mouillés de larmes ; dans le rôle si pénible
et si fatigant de Beverley, il se surpassa
encore ; jamais, de l'avis des connaisseurs
les plus éclairés et des critiques les plus
difficiles, il n'avait montré plus de feu, de
naturel et de sensibilité. Après la première
représentation de cet ouvrage, la majestueuse Clairon se fit ouvrir à toute force
la loge de Molé, et, se traînant aux genoux
de ce grand acteur, qui fut un peu dé-
concerté de ce mouvement tragique, elle
s'écria, avec cet accent solennel qu'elle
portait dans le monde comme au théâtre :
« Mon ami, je n'ai jamais rien éprouvé de
« pareil, je n'ai rien entendu de si beau ;
« vous avez poussé l'art à son dernier de-
« gré de perfection. »

Et quand tous les spectateurs étaient

encore attendris des douleurs déchirantes
de Beverley, la petite pièce commençait,
et l'on voyait succéder aux mouvemens
convulsifs du joueur, les grâces vives et sé-
millantes, la légèreté et la pétulance du fougueux Dormilly. Molé affectionnait beaucoup ce personnage, il l'avait long-temps
étudié, et sur la fin de sa carrière il en
parlait souvent à ses jeunes camarades :
« C'est peut-être de tous mes rôles, disait-
« il, celui que j'ai le plus *chargé d'ef-*
« *fets.* »

Le Père de famille fut tour à tour pour
lui l'occasion d'une haute faveur et d'une
bonne action. Un jour qu'on jouait cette
pièce à Versailles, Louis XVI fut tellement
ému par le jeu brûlant et pathétique de
Molé, qu'il chargea le duc de Richelieu,
premier gentilhomme de la chambre, d'envoyer à l'acteur le plus riche et le plus magnifique habit de théâtre qu'il serait possible de trouver. Le même ouvrage se jouant
à Paris, Molé n'y obtint pas un succès
moins flatteur pour son amour-propre et

moins doux pour son cœur. Il avait un
frère aîné nommé Dalinval, qui, sans avoir
à beaucoup près le même mérite, était loin
d'être dépourvu de talent. Il avait obtenu
un ordre de début à la Comédie-Française,
et Molé saisit avec habileté l'instant où il
venait d'émouvoir profondément le public,
pour lui adresser une prière respectueuse en
faveur de son frère, et le recommander à
ses bontés.

La Veuve du Malabar, Florinde, tragédie de Lefebvre, *Gaston et Bayard* de Du-
belloy, *le Fabricant de Londres* de Fenouil-
lot de Falbaire, *le Persifleur* de Sauvi-
gny, *les Druides, Pierre-le-Cruel, Roméo
et Juliette, Manlius Capitolinus, Régulus,
Orphanis, Adélaïde de Hongrie, la Folle
par amour, les Amans sans le savoir, le
Bourru bienfaisant, Deucalion et Pyrrha,
l'Anglomanie, la Centenaire, la Journée
lacédémonienne, le Tuteur dupé, le Vin-
dicatif, les Amans généreux* et *l'Heureuse
Rencontre* : tels sont les ouvrages où il
joua des rôles nouveaux depuis l'année

1770 jusqu'à l'année 1773, sans compter les anciennes pièces remises, pour lesquelles il fut obligé de faire de longues études. On voit qu'alors MM. les comédiens français étaient un peu plus actifs qu'aujourd'hui ; mais ils n'avaient pas de pensions du gouvernement et de longs congés pour courir la province ; leur aisance individuelle dépendait du bien-être de leur société.

Le comédien qui n'avait que quart de part gagnait dans une proportion égale à celui qui avait part entière ; il n'y avait point d'égoïsme possible, le malheur comme le succès était commun, et de cet accord d'intérêts résultait l'ensemble dans les travaux et dans les efforts pour la prospérité de tous.

Il y avait dans ces temps heureux une ardeur, une émulation telles que les comédiens français jouaient jusqu'à deux ouvrages nouveaux dans la même soirée ; et cependant ils n'avaient point à redouter, comme ceux d'aujourd'hui, la concurrence d'un second Théâtre-Français, et celle de dix spectacles subalternes qui se partagent le public.

La tragédie de *Régulus* et *la Feinte par amour* de Dorat furent représentés le même jour ; le même auteur et le même acteur firent les frais de cette grande soirée dramatique ; Molé joua les rôles principaux dans la comédie et dans la tragédie, et il obtint un double succès.

Dorat en partagea les profits et la gloire sans se douter qu'il en était plus redevable peut-être au talent de son interprète qu'au mérite de ses ouvrages. *Régulus* n'est point resté au théâtre, et si *la Feinte par amour* s'y montre encore de temps en temps, elle ne le doit qu'à un rôle de petit-maître où un acteur à la mode peut briller aux dépens de la vérité et du goût. Il paraît que les comédiens de cette époque étaient des hommes d'esprit et de sens ; ils avaient refusé trois fois de suite cette pièce, où le naturel du dialogue est remplacé par un jargon précieux, et la force comique par une fadeur insupportable.

Tous les grands acteurs ont en général un faible pour les mauvaises pièces où ils aperçoivent un bon rôle ; ils peuvent s'en attribuer tout le succès, s'ils parviennent à les faire applaudir, et leur amour-propre jouit plus d'un triomphe personnel que d'une réussite dont la plus grande part revient à l'auteur. Molé, séduit par le rôle sémillant de Damis, se fit le patron de *la Feinte par amour;* il la relut lui-même à ses camarades avec tant de grâce, avec tant de magie, que le comédien n'eut pas de peine à entraîner les juges que n'avait pu convaincre l'auteur.

La pièce réussit en effet, grâce à son jeu plein de charme et de légèreté ; et c'est à Molé seul peut-être qu'elle doit d'avoir survécu au naufrage de presque tout le théâtre de Dorat.

Ce grand acteur ne fut pas si heureux pour deux autres comédies en cinq actes et en vers du même auteur. *Le Célibataire* et *le Malheureux imaginaire* ne réussirent point, malgré tout le talent qu'il déploya pour les soutenir. Il faut dire, à la louange de Molé, qu'il fut presque aussi chagrin de ce double échec que Dorat lui-même; il s'identifiait pour ainsi dire aux ouvrages nouveaux où il acceptait des rôles; il ne se décourageait point d'un premier revers; il luttait de tout son pouvoir contre les arrêts du parterre, et ne cédait que lorsqu'il était enfin convaincu qu'ils étaient justes. On verra dans la suite de cette Notice que sa ténacité seule a pu triompher de la froideur du public pour la comédie de caractère et de mœurs la plus remarquable de la fin du dernier siècle; et que par sa généreuse obstination, il est enfin parvenu à attirer la foule à cet ouvrage toutes les fois qu'il était représenté.

Molé ne ressemblait point à ces comédiens de nos jours que le moindre obstacle rebute, que le bruit seul d'un sifflet décourage, et qui, mettant tout leur amour-propre et toute leur gloire au niveau de la recette, abandonnent au bout de quelques jours le meilleur ouvrage au-

quel n'accourt pas le vulgaire des spectateurs, et jugent de l'excellence des pièces
par la vogue éphémère qu'elles obtiennent.

Molé ne fut pas aussi heureux pour *le
Malheureux imaginaire* que pour *la Feinte
par amour*. L'ouvrage succomba malgré
tous les efforts de son talent. Il tâcha du
moins de consoler l'auteur par les procédés les plus délicats ; et, dans un de ces
charmans petits soupers où l'heureux comédien cherchait à le distraire de sa disgrâce, Dorat lui adressa l'impromptu suivant :

Sous des lauriers les jeux te sont soumis;
Ils doivent près de toi voler quand tu l'ordonnes :
    La gloire sans doute a son prix,
Mais toujours quelque épine est jointe à ses couronnes.
    Sois le plus gai de tous ses favoris ;
Moque-toi des jaloux ! tu plais, ils sont punis,
Et punis doublement, puisque tu leur pardonnes.
Au public échappé, dépèche-toi, jouis,
Et, riant pour ton compte au sein de tes amis,
Paye-toi par tes mains du plaisir que tu donnes.

Molé, on ne sait trop pourquoi, était
fort mal avec Monvel ; peut-être ses succès

l'avaient-ils rendu jaloux; mais Monvel,
auteur, rendit le plus bel hommage au talent de son camarade; il lui confia dans
son *Amant bourru* le rôle principal dont
il aurait pu se charger lui-même, et jamais
il ne fut mieux inspiré. Il faut avoir vu
Molé dans ce personnage pour se faire une
idée de ce mélange de brusquerie et de
bonté, de colère et d'amour qu'il exprimait avec un naturel si vrai et une si brûlante énergie. L'ouvrage obtint un succès
éclatant; l'auteur, demandé par le public,
parut sur le théâtre; Molé obtint la même
faveur, triomphe alors bien rare pour un
comédien; la réconciliation des deux artistes se fit en présence du parterre, au
bruit des plus vifs applaudissemens; ils se
précipitèrent dans les bras l'un de l'autre,
et depuis ce jour ils vécurent toujours en
parfaite intelligence.

Molé n'était point envieux comme le sont
presque tous les comédiens, qui ont le malheur de ne pouvoir souffrir leurs rivaux,
et surtout de haïr leurs successeurs. On a

dit, dans le temps, qu'il redoutait Granger, acteur de la Comédie Italienne, et qu'il
s'était opposé à ce que cet acteur fût admis
au Théâtre-Français. C'était une calomnie des envieux de Molé. Il ne craignait
et ne pouvait rien craindre d'une telle
rivalité. Granger qui vit, je crois, encore et qui est parvenu à un très grand âge,
était un comédien d'un talent fort distingué, disant avec justesse, ayant du goût,
de l'aplomb et du naturel; mais entre lui
et Molé la distance était grande; il était
d'ailleurs peu favorisé de la nature, il avait
un œil artificiel, et se trouvait ainsi privé
de ce mouvement de la physionomie sans
lequel il n'y a pas de comédien parfait.
Ce fut le seul motif qui l'empêcha d'être
reçu dans la société du Théâtre-Français...

Molé, ayant vu Fleury en province,
obtint pour lui un ordre de début; ainsi,
bien jeune encore, il choisit, il proté-
gea lui-même l'acteur qui devait le remplacer dans les personnages de petits-maî-

tres, et lui succéder dans les premiers
rôles.

Nous voilà parvenus à l'époque où Molé
s'élança de l'emploi des jeunes premiers et
des marquis aux grands rôles de la haute
comédie. L'année 1778 vit s'éteindre deux
acteurs célèbres, Lekain et Bellecourt. La
succession du dernier échut à Molé, et il la
fit si bien valoir, qu'elle s'agrandit encore
dans ses mains. Le vulgaire des amateurs,
toujours un peu routinier; le vulgaire des
comédiens, toujours un peu jaloux, allaient,
répétaient partout que la perte de Bellecourt était irréparable, que Molé était trop
faible, trop jeune, trop léger; qu'il n'avait
pas l'aplomb, la profondeur nécessaires
pour le grand emploi, et qu'il succombe-
rait à coup sûr sous le poids qui lui était
imposé; l'acteur ne répondit que par de
nouveaux triomphes à ces alarmes vraies
ou fausses de ses partisans et de ses envieux; il n'hésita point dans sa marche, et
sentit que son coup d'essai devait être un
coup de maître. Il choisit le rôle le plus

difficile du théâtre, celui du Misanthrope;
et, dès le premier jour, il le joua si bien
qu'il marqua sa place au premier rang, et
qu'il prit possession de l'emploi de Bellecourt, de manière à n'être jamais troublé
dans la jouissance de son héritage.

Ce fut alors que, se dévouant tout entier à Thalie, il renonça définitivement au
culte de Melpomène, qu'il avait un peu
négligé depuis qu'il portait presque seul le
fardeau tout entier des premiers rôles comiques. Il joua successivement avec un égal
succès le Dissipateur, le Glorieux et surtout
le Méchant, rôle si difficile, où l'acteur, n'é-
tant pas soutenu par l'intérêt et la chaleur
de l'action, se trouve, pour ainsi dire, livré
aux seules ressources de son talent. Molé
y déploya tant de grâces et tant de verve,
tant de légèreté et tant de profondeur, qu'il
eut le secret d'attirer la foule à cette longue
satire dialoguée, qui n'avait jamais eu
qu'un de ces grands succès d'estime dont les
comédiens font généralement peu de cas.

Le *Séducteur* de Bièvre contribua tout

à la fois à la réputation et à la fortune de Molé; le marquis „ enchanté de la perfection avec laquelle l'acteur avait rendu son personnage principal, lui abandonna ses droits d'auteur; qui lui valurent environ 5oo louis: On raconte dans les recueils du temps que Molé, allant le remercier, s'excusa d'avoir été faible à la dernière représentation de la pièce, sur ce qu'il se trouvait *enroué*, et que le marquis, célèbre par la manie des calembourgs, lui répondit qu'il n'avait jamais mieux été dans son rôle.

Molé a, dans le cours de sa carrière, sauvé deux jaloux d'un double naufrage, *le Jaloux sans amour*, d'Imbert, et *le Jaloux*, de Rochon de Chabanne; cette dernière pièce eût éprouvé une lourde chute sans le talent admirable qu'y déploya ce grand comédien; on peut même dire sans l'obstination avec laquelle il la défendit contre les sévérités du public, obstination d'autant plus honorable qu'elle prenait sa source dans un sentiment profond de reconnaissance pour l'auteur. Molé n'avait point oublié que Rochon de Chabanne lui avait donné dans la petite comédie d'*Heureusement*, ce joli rôle d'officier qui avait décidé de sa fortune théâtrale, et ce trait est d'autant plus digne d'être cité qu'en général les comédiens sont trop égoïstes pour n'être pas ingrats.

Jamais Molé n'a peut-être montré un talent si prodigieux que dans cette pièce très médiocre en effet de Rochon de Chabanne ; il s'élevait jusqu'au sublime dans le passage suivant :

Je suis épouvanté moi-même, et furieux
    D'une action aussi hardie.
Mes cheveux hérissés sur mon front pâlissant,
Sont tout inondés d'eau qui couvre mon visage ;
Et ma langue épaissie en mon palais brûlant,
Ne saurait exhaler les transports de ma rage.

Sa physionomie contractée, son œil égaré peignaient tous les sentimens qui dévorent un jaloux furieux ; sa langue épaissie semblait pouvoir à peine articuler les mots, ils s'échappaient difficilement de sa bouche, et par un art merveilleux, il n'en laissait pas perdre un seul au public qui l'écoutait. Dans ce fameux passage il était toujours couvert d'une grêle d'applaudissemens; l'enthousiasme gagnait le parterre et les loges, c'était une sorte de transport électrique qui saisissait à la fois tous les spectateurs d'admiration. Dans ma première jeunesse j'ai vu plusieurs fois Molé jouer le rôle du Jaloux, et je n'ai jamais éprouvé au théâtre d'impression plus vive et plus profonde.

M. Népomucène Lemercier, mon confrère à l'Institut, m'a raconté à ce sujet une anecdote intéressante que je crois devoir consigner dans cette Notice. La première fois qu'il assista à la pièce de Rochon de Chabanne, il éprouva, au passage dont je viens de parler, la même sensation que le public, et il fut transporté d'un tel enthousiasme, qu'après la représentation il ne put résister au plaisir d'aller féliciter l'acteur de cet effet prodigieux de son talent.

« Eh bien! lui dit Molé, je ne suis pas content de moi aujourd'hui; aussi je n'ai pas produit cette fois, sur le public, la même impression que de coutume. Je me suis trop livré, je n'étais plus maître de moi ; j'étais entré si vivement dans la situation, que j'étais le personnage même et que je n'étais plus l'acteur qui le joue ; j'ai été vrai comme je le serais chez moi, mais pour l'optique du théâtre il faut l'être autrement. La pièce, ajouta Molé, se rejoue dans quelques jours; venez la voir encore et placez-vous dans les premières coulisses. M. Lemercier s'y trouva avec exactitude ; au moment où arrive la fameuse scène, Molé tourne la tête de son côté, et lui dit à voix basse : « Je suis bien maître de moi, vous allez voir. » Et en effet, M. Lemercier m'a assuré que l'acteur avait produit une sensation beaucoup plus forte que le premier jour, et qu'il n'avait jamais vu plus d'art et plus de calcul pour remuer profondément les spectateurs.

La vérité théâtrale était l'objet constant des études et des travaux de Molé, c'est à

elle seule qu'il a dû tous ses succès; il avait
coutume de dire que pour réussir à la scène,
il fallait *garder sa tête et livrer son cœur.*

Mais Molé, rentré dans les coulisses,
n'avait plus la même règle de conduite; il
ne savait garder ni son cœur ni sa tête, et
à cette époque même, une des plus grandes
enchanteresses qui aient jamais charmé
Paris, les lui fit perdre si complétement,
qu'il oublia, pour la première fois, les devoirs de son état et jusqu'aux procédés
qu'il avait toujours eus pour les gens de
lettres.

Mademoiselle Contat étincelait de grâces
et d'esprit; elle était alors dans toute la
fraîcheur de son talent et dans tout l'éclat
de sa beauté. Molé en devint éperdument
amoureux, et n'eut plus d'ardeurs, de loi-
sirs, de pensées et d'hommages que pour
elle. Colin d'Harleville, qui était appelé à
la gloire de ramener la vérité dans la comédie, n'était point encore connu. Il venait
de terminer *l'Inconstant,* son premier ouvrage, et il avait destiné le rôle principal

à Molé. Mais comment un jeune homme
sans nom, sans appui, arrivera-t-il jusqu'aux hautes puissances de la Comédie-
Française ? Un provincial qui tombe seul
au milieu de Paris, et qui a une grâce à solliciter des ministres, n'éprouve pas un plus
grand embarras.

Heureusement Colin avait lu *l'Inconstant* à un homme de lettres qui jugea la
pièce et qui devina l'auteur ; il connaissait
Molé, et il offrit volontiers d'être auprès
de lui le patron du timide débutant. Il
parle en effet de son jeune ami à l'acteur
en vogue, qui indique sur le champ un
rendez-vous. On pense bien que Colin y
fut exact ; mais Molé en avait un autre qu'il
n'aurait pas manqué quand il aurait attendu
Molière lui-même.

Au moment où l'auteur arrivait, armé
de son manuscrit, l'amoureux comédien
montait en voiture. Il balbutie à la hâte
quelques excuses, et remet ces messieurs à
huitaine. Hélas ! il avait oublié sa promesse !
il était jaloux, et il jouait au naturel le rôle

qu'il représentait avec tant de vérité dans la pièce de Rochon de Chabanne ; peut-être le jour où il n'avait pas été maître de lui, le pauvre Molé ressentait-il pour son propre compte les tourmens du chevalier jaloux.

Colin hasarde dix lettres bien pressantes, bien respectueuses ; point de réponses : les amoureux n'écrivent qu'à leurs maîtresses. Enfin, après six mois d'attente, l'homme de lettres rencontre Molé ; il lui reproche poliment ses torts, et lui demande un nouveau rendez-vous : il est fixé au lendemain matin. L'espoir renaît dans le jeune poète découragé ; il était chez son ami une heure avant le moment fixé ; ils partent, et ils arrivent enfin chez l'acteur si long-temps invisible ; mais par malheur, Molé avait oublié de défendre sa porte, et à peine le manuscrit est-il déployé, qu'on annonce au maître de la maison un de ses amis les plus intimes qu'il n'avait pas vu depuis long-temps. « Je te trouve enfin ! s'écria-t-il en entrant ; tu ne m'échapperas pas cette fois. Je viens déjeuner avec toi. »

Molé sonne, et demande du vin blanc et des huîtres. « *Cela vaudra bien*, dit-il en riant, *la pièce de Colin.* » On se met à table, l'auteur espérait qu'on n'y resterait qu'un instant, mais le nouveau venu parle de Mlle Contat, et Molé oublie tout-à-fait la lecture. Le temps s'écoule, et l'heure de la répétition arrive. Molé ne l'aurait pas manquée pour tous les chefs-d'œuvre du monde : Mlle Contat y était. Le manuscrit est tristement replié, on parle d'une nouvelle lecture, d'un nouveau rendez-vous. « Je vous en donnerais dix à la même heure, dit Molé, que je n'y serais pas plus fidèle. Vous connaissez l'objet qui occupe toutes mes pensées, jugez s'il est une pièce qui puisse valoir pour moi deux heures passées à sa toilette. Prenez-moi au saut du lit, ou je ne réponds de rien. » Le lendemain, Colin arriva à la pointe du jour : Molé entendit *l'Inconstant*, et il en fut enchanté. Il se reprocha vivement d'avoir fait attendre l'auteur si long-temps, lui adressa mille excuses, et lui promit qu'il mettrait autant de zèle à faire jouer son ouvrage, qu'il avait montré d'indifférence pour l'entendre. Il tint parole; *l'Inconstant* fut mis à l'étude, et Colin d'Harleville, qui eut toujours à se féliciter, par la suite, des bons procédés de l'acteur, se faisait un plaisir d'avouer qu'il lui avait donné les plus sages conseils, et qu'il lui avait fait faire d'heureuses corrections qui avaient beaucoup contribué au succès de son ouvrage.

C'est probablement à la même époque que se passa un fait qui est à peu près du même genre, si toutefois ce n'est pas un méchant conte imaginé par les ennemis du moderne Roscius.

Il a pourtant acquis une sorte d'authenticité, puisqu'il a donné lieu à une petite comédie en un acte, intitulée *la Matinée du Comédien de Persépolis*, qui fut jouée avec beaucoup de succès sur le théâtre d'Audinot, et qui est, en effet, dialoguée avec beaucoup de malice et de gaîté. Cette fois, ce n'est plus l'homme de lettres, c'est

le comédien qui est mystifié ; il y a com-
pensation pour l'aventure de Colin d'Harleville.

· On raconte qu'un jeune auteur, qui,
comme lui , n'avait pas encore le droit d'aspirer à la faveur d'une lecture devant les
hautes puissances de l'aréopage comique ,
soumit bien respectueusement son manuscrit aux lumières de Molé. Il le lui porta
soigneusement enveloppé d'un large ruban , sollicitant la grâce d'un prompt examen , comme un pauvre plaideur prie le
juge dont il attend son arrêt. Il revint dix
fois de suite , et jamais l'acteur n'avait eu
le temps de lire la nouvelle comédie. Enfin,
pressé dans ses derniers retranchemens,
et voulant une bonne fois pour toutes se
délivrer du fâcheux auteur, Molé lui déclare qu'il a lu sa pièce avec beaucoup d'attention, et qu'elle n'est pas susceptible
d'obténir une lecture au Théâtre-Français.
— « Mais qu'y trouvez- vous donc de con-
damnable ? le plan.... — est mal conduit.
— L'action.... — invraisemblable. — Les

situations... — mal amenées. —Le dénoû-
ment.... — brusque. — Le style... — extrêmement négligé. »

Alors l'auteur, avec un grand sang-
froid, détache le ruban, déploie le manuscrit, et fait voir au comédien stupéfait
qu'il lui avait remis.... un cahier de papier
blanc.

La Matinée du Comédien de Persépolis
chagrina Molé, mais c'est là une de ces
épines qu'un grand talent trouve toujours
sur sa route. Le vulgaire des comédiens
n'éprouve jamais de pareils désagrémens.
On se moque de leur jeu, mais on ne les
joue pas. (1)

Après le succès de *l'Inconstant*, la comédie, tombée depuis si long-temps dans
l'école dégénérée de Marivaux, parut vouloir enfin quitter le jargon des ruelles, et
reprendre la vive et franche allure de ses

---

(1) *La Matinée du Comédien de Persépolis* étant peu
connue, l'éditeur croit devoir la donner à la suite de cette
Notice.

belles époques. Une comédie en trois actes
et en vers d'un homme du monde, M. Des-
faucheret, avait marqué les premiers progrès du retour au bon goût et à la vérité.
Le Mariage secret fut pour Molé une occasion de déployer toutes les ressources de
son talent; il se chargea dans cet ouvrage
du rôle d'une espèce d'officieux maladroit,
espèce de niais du grand monde, sans tact,
sans usage, et il joua ce personnage, tout
nouveau pour lui, avec une gaucherie de
bon ton, et, si l'on peut s'exprimer ainsi,
avec une bêtise spirituelle dont l'excellent
comique contribua beaucoup au succès de
cette jolie pièce.

Son talent mûrissait avec l'âge; il ne
perdait rien en grâce, en énergie, et aug-
mentait tous les jours en profondeur.
L'Optimiste, *les Châteaux en Espagne* de
ce même Colin d'Harleville si long-temps
ballotté pour son *Inconstant*, et surtout le
rôle d'Alceste dans *le Philinte de Molière*
de Fabre d'Églantine, mirent le dernier
sceau à sa réputation.

d

C'est surtout dans cette dernière pièce, qui n'obtint cependant qu'un de ces succès d'estime que le public ne pouvait guère refuser à une étude approfondie du cœur humain, que Molé s'éleva à toute la hauteur de l'art. Qui n'a pas vu jouer ce bel ouvrage par Molé, ne saurait se faire une juste idée de l'effet dont il est susceptible à la représentation. Il vaut mille fois mieux lire à tête reposée, dans son cabinet, le rôle d'Alceste, que de le voir défiguré par un acteur qui n'en sent pas toute la portée. C'est un de ces personnages que la médiocrité tue; il faut que le comédien qui le joue soit à sa hauteur. Molé y était parfait; il y était même plus étonnant que dans l'Alceste du *Misanthrope*. On s'est habitué à croire, d'après une fausse tradition, que le chef-d'œuvre de Molière n'avait d'abord reçu du public que l'accueil le plus froid, et qu'il avait eu besoin de l'escorte du *Médecin malgré lui* pour attirer la foule.

Mais ce qu'on a dit faussement du *Mi-*

santhrope, on peut le dire avec vérité
du *Philinte* de Fabre. La pièce, estimée
des connaisseurs, fut d'abord peu suivie ;
sans l'assistance de Molé, qui lutta contre la froideur du public, et qui voulut
jouer l'ouvrage même dans le désert,
parce qu'il le trouvait excellent, il n'aurait peut-être obtenu qu'un succès équi-
voque ; et comme il aurait fallu, pour qu'on
lui rendît toute la justice dont il était digne,
qu'il se rencontrât un acteur doué d'un
talent aussi prodigieux que celui de ce
grand comédien, il est probable qu'aujour-
d'hui le *Philinte* ne figurerait même pas
dans le répertoire dont il est un des plus
beaux ornemens.

Après la pièce de Fabre d'Églantine,
Molé joua le *Vieux Célibataire* de Colin
d'Harleville, et prouva de nouveau toute la
flexibilité de son admirable talent dans
cette brusque transition du rôle d'un
homme passionné à celui d'un vieillard en
tutelle ; dans ce contraste saillant entre
l'énergie d'une âme ardente et la lan-

gueur d'une vie qui s'éteint tristement dans la solitude.

Le Philinte de Molière et *le Vieux Céli-bataire* furent joués dans les premiers temps de nos troubles civils. Tant que la révolution fut noble et grande, le théâtre grandit avec elle ; lorsqu'elle devint atroce, il fut obligé de prendre la couleur barbare de ces temps de vertige et de délire.

Les persécutions politiques tombèrent sur une partie des comédiens français eux-mêmes ; ils furent jetés dans les fers, et seraient peut-être montés sur l'écha-faud sans un employé du comité de sûreté générale nommé *Labussière*, qui, ayant reçu l'ordre d'envoyer les pièces au tribu-nal révolutionnaire, eut le courage de les jeter au feu.

Cette manie de persécuter les comédiens pour leurs opinions politiques a, du reste, survécu à la révolution ; après la terreur le public leur en demandait compte en plein théâtre ; il n'est sorte d'outrages et d'avanies auxquels ils n'aient été exposés :

le malheureux Trial mourut de douleur presque en sortant d'une scène qu'il avait si long-temps charmée par sa gaîté.

La restauration n'a guère été plus sage ; les hommes qu'elle a placés à la tête des théâtres se sont beaucoup plus occupés de l'*opinion* que du talent des acteurs ; on a purifié les Cassandre et les Frontin comme les grands fonctionnaires de l'état ; on a même fait des enquêtes sur les sentimens politiques des Cidalise et des Marton, et les emplois de comédie n'ont pas été plus à l'abri de la destitution que les emplois de la finance ou de la guerre. J'ai même su, il y a une dizaine d'années, les détails d'une grave commission d'état qui fut présidée par un grand personnage, et où l'on se livra pendant plusieurs séances à l'examen approfondi de l'opinion politique de tous les orchestres de la capitale. Il y eut à la suite de cette mémorable junte bon nombre de cors mis en retraite, de clarinettes appelées à d'autres fonctions, de flûtes destituées et de violons cassés;

Molé dut à son âge de n'être point enfermé avec ses camarades ; mais le Théâtre-Français était dispersé, et peu de temps après, l'état de sa fortune le força d'accepter un engagement à un nouveau théâtre qu'avait bâti Mlle Montansier dans la rue de Richelieu : c'était la dernière salle du grand Opéra qui vient d'être démolie. Ce fut sur cette scène que Molé se vit contraint de prostituer son talent aux pièces ignobles de ces tristes époques, et de jouer l'affreux personnage de Marat dans les *Catilina modernes*. Le brillant marquis du *Cercle*, le fougueux Dormilly en tribun sale et dégoûtant, quelle métamorphose ! On ne peut, du reste, reprocher à Molé cet abaissement de son talent : il fallait qu'il optât entre son rôle et sa tête. L'échafaud était l'*ultima ratio* de ces terribles momens.

On a depuis joué toute sorte de personnages sans courir d'aussi grands risques, et nous avons vu de nos jours des gens du monde changer de rôles aussi facilement que les comédiens, sans y être forcés comme eux.

Quand les saturnales de la révolution cessèrent, Molé se joignit à une partie de ses camarades ; ils fondèrent deux colonies, l'une au théâtre Louvois, l'autre au théâtre Feydeau, jusqu'au moment où ils se réunirent enfin tous à la métropole de la rue de Richelieu, où s'était établi pendant la révolution le théâtre de la république, et où siège encore aujourd'hui la Comédie Française.

Depuis la réunion, Molé ne joua que trois ouvrages nouveaux, l'*Aimable Vieillard*, qui ne réussit point ; *Michel Montaigne*, qui n'eut qu'un petit nombre de représentations ; le *Confident par hazard*, petite comédie qui fut plus heureuse, et dans laquelle le public ne manquait jamais de faire à Molé l'application de ce vers :

Mon acte de naissance est vieux, mais non pas moi.

Mais il jouait encore avec feu tous les rôles qui avaient fondé sa réputation ; il a

soixante-cinq ans, disait Mlle Contat, et il
n'existe pas un de nos jeunes amoureux
qui se jette si bien au genoux d'une
femme.

Molé n'était pas aussi heureux qu'il méritait de l'être après de si longs travaux;
il avait deux fois payé les dettes de son
frère, qui s'était ruiné dans les entreprises
théâtrales de Rouen et de Toulouse; d'ailleurs il aimait lui-même le faste, la magnificence; il n'avait point d'économie, et
encore moins d'ordre. La comédie, instruite de sa situation, lui offrit une représentation à son bénéfice; il y joua le rôle
de *l'Amant bourru* avec une sensibilité
aussi ardente et aussi vraie que dans ses
beaux jours; la foule était immense; salué
par une triple salve d'applaudissemens, re-
demandé avec enthousiasme après la représentation, Molé fut trop vivement ému de
ce triomphe; sa santé commença à s'altérer, mais il ne continuait pas moins à
jouer huit actes dans la même soirée. Toujours jeune au théâtre, on a dit qu'il voulait

l'être encore un peu trop dans le monde.
Ce qu'il y a de certain, c'est qu'après une
représentation du *Vieux Célibataire*, ayant
soupé, dit-on, un peu plus que de cou
tume, il fut attaqué dans la nuit de la
maladie qui, après de longues souffrances,
l'a conduit au tombeau. Ainsi périt, à l'âge
de soixante-huit ans, le plus grand acteur
comique de la scène française. Il demanda
et il reçut les secours de la religion. Un
service magnifique, auquel assistaient l'Institut, dont il était membre, tous les gens
de lettres, tous les acteurs et tous les premiers artistes de la capitale, fut célébré en
son honneur dans l'église Saint-Sulpice,
d'où ses restes mortels furent transportés
à Antoni, et déposés dans un lieu écarté de
sa petite propriété rurale, qu'il avait désigné lui-même de son vivant.

Avant de mourir il eut la force de
dicter une lettre pour recommander sa
famille au premier consul, et le discours
que le commissaire du gouvernement pro-
nonça sur sa tombe, se terminait par ces

mots : « Non, le Scipion français n'oubliera
« pas le Roscius de la France. »

Molé avait été marié à mademoiselle Dé-
pinay, jeune actrice du Théâtre-Français ;
mais elle vécut peu de temps. On peut juger de la tendresse qu'il avait pour elle,
par le trait suivant. La cour se trouvant
à Marly, madame Molé eut le malheur d'arriver trop tard pour le spectacle du soir ;
le roi et la reine furent obligés d'attendre.
Le duc de Villequier ordonna à l'actrice
de se rendre au For-l'Évêque. Molé, au
désespoir, invoqua vainement sa grâce ; et,
ne pouvant l'obtenir, il prit enfin le parti
d'aller se renfermer dans la prison de sa
femme. Ils n'en sortirent qu'ensemble, et
reçurent, à leur rentrée au théâtre, tous les
applaudissemens que méritait ce beau trait
de dévouement conjugal. Il prit encore
la défense de sa femme contre Charnois,
rédacteur du *Mercure*, dans une lettre
adressée au *Journal de Paris*, et qui sera
publiée à la suite de cette notice avec le
petit nombre des ouvrages de Molé. Ils

n'annoncent pas, dans leur auteur, une première éducation littéraire : le style en est généralement pénible et un peu prolixe ; mais on y trouve, de l'esprit, de la finesse et des vues nouvelles sur le théâtre.

Une vie si occupée par les études de la scène et par les plaisirs du monde a dû lui laisser peu d'instans pour écrire sur son art ; nous n'avons de lui que deux notices, l'une sur Lekain, et l'autre sur mademoiselle Dangeville, quelques discours de clôture et de rentrée, composés et prononcés par lui au nom de la Comédie-Française, et deux ou trois pièces de vers, parmi lesquels on remarquera une satire assez piquante sur Charnois, qui était alors rédacteur du *Courrier des Spectacles*. C'était le gendre du fameux Préville, camarade de Molé ; il y avait toujours eu un peu de froideur entre ces deux grands comédiens. Ce n'était pas rivalité : elle était impossible, d'après la nature si différente de leurs emplois ; mais il paraît que madame Pré-

ville n'était pas étrangère à cette brouil-
lerie.

Molé, à l'exemple de plusieurs comédiens, voulut s'essayer comme auteur dramatique; son début ne fut pas heureux,
et il eut la sagesse de renoncer à une
carrière où il n'eût éprouvé que des revers, tandis qu'il s'en était ouvert une
où chaque pas était un triomphe; mais le
désir de laisser quelque chose après lui
tourmentait Molé, dont l'ambition aspirait
au-delà d'une gloire viagère; il donna
donc, en 1781, une petite comédie en un
acte et en prose, intitulée *le Quiproquo.*
Jouée par l'élite de la Comédie-Française,
elle parut néanmoins un peu froide, et on
en trouva l'action pénible et entortillée.
Quelques corrections assez heureuses la
firent revoir avec plaisir, et l'auteur ayant
été demandé à la seconde représentation,
Molé parut, et dit au parterre : « Messieurs,
l'auteur est inconnu; il lui est impossible
de profiter de vos bontés. » Mais c'était un
hommage qu'on rendait encore au comé-

dien ; Molé eut le bon esprit de le sentir ;
il retira son ouvrage, que son crédit au
théâtre aurait pu long-temps y maintenir,
et, par une bien louable modestie, il n'a
même jamais voulu le faire imprimer.

Il n'y avait de fatuité que dans les manières de Molé ; c'était, dans la vie privée,
le plus excellent des hommes ; bon parent,
excellent camarade, sa table et sa bourse
étaient toujours ouvertes au malheur et
à l'amitié ; aussi sa fortune se dissipait-
elle au jour le jour ; il avait même pen-
sionné quelques vieux comédiens qui furent exactement payés jusqu'à sa mort.
Un petit marchand de son quartier, sur
le point de manquer, ayant vu jouer Molé
dans *le Dissipateur,* eut l'heureuse idée
de s'adresser à lui ; 6,000 francs lui suf-
fisaient pour sauver l'honneur et la fortune de sa famille. Molé avait justement
touché de l'argent ce jour-là ; il prêta, sur
un simple billet, les 6,000 francs, qui lui
furent fidèlement rendus.

Voici un autre trait de générosité, tout

aussi authentique, et qui n'honore pas
moins la mémoire de ce grand comédien :

Une pauvre fruitière, nourrissant son
enfant, était livrée à la misère et au désespoir ; son mari allait être mis en prison pour une dette de 1200 francs. Elle
vient en larmes supplier Molé d'obtenir
de ses camarades une représentation au
bénéfice de cette malheureuse famille, sur
le théâtre de Versailles.

Molé, touché de sa douleur, lui promet
de s'intéresser pour elle, lui promet même
de réussir ; mais les comédiens, moins sensibles, le fatiguent d'éternels délais ; cependant le mari de la pauvre fruitière allait être
arrêté, et Molé lui remet les 1200 francs,
dont il n'a jamais été payé que par la reconnaissance et par les bénédictions de la
famille qu'il avait sauvée.

S'il avait le cœur sensible, il ne l'avait
pas moins fier. Une dame auteur, désirant
faire recevoir un ouvrage à la Comédie-
Française, sollicitait vivement Molé d'employer pour elle toute son influence, et

elle se crut obligée de lui envoyer un assez joli groupe en biscuit de Sèvres. Cependant la pièce ne fut pas jouée, et la dame auteur, dans son ressentiment, exprima, en présence de plusieurs personnes, le regret de n'avoir pas employé au soulagement des pauvres les vingt-cinq louis que lui avait coûté son cadeau.

Molé, instruit de ce propos charitable, envoya sur-le-champ cette somme au curé de Saint-Sulpice, en le priant de vouloir bien la distribuer aux indigens de sa paroisse, à la seule intention de madame ***.

Dès le lendemain, il écrivit à cette dame qu'il s'était empressé de remplir ses pieuses intentions, et il joignit à sa lettre la réponse du pasteur, qui le remerciait vivement au nom des pauvres.

De pareils traits annoncent autant de sensibilité que d'honneur, de fierté que de délicatesse : aussi Molé se distingua-t-il toujours de la plupart des comédiens, même les plus célèbres, par sa haine profonde pour l'intrigue et pour toutes ces viles tracasseries de coulisses qui dégradent le talent. Les préférences, les passe-droits des gentilshommes de la chambre ont toujours trouvé en lui un adversaire redoutable et un rigide censeur ; l'injustice révoltait son âme droite et ferme, et il avait enfin pris le parti de s'éloigner de cette diplomatie tortueuse des comités de théâtre, triste et malheureuse caricature de la diplomatie des cabinets politiques. Il s'était, pour ainsi dire, renfermé dans son talent, et le temps qu'il ne consacrait pas à l'étude, il le donnait au plaisir et à l'amitié.

MÉMOIRES
DE MOLÉ.

DISCOURS DE CLOTURE,

Prononcé par Molé en 1776.

Messieurs,

Les devoirs ne sont pas toujours pénibles à remplir; j'éprouve combien il est heureux d'avoir à s'acquitter de ceux que le respect, le zèle et la reconnaissance ont imposés aux comédiens : toujours animé de l'ardeur de vous plaire, souvent ému par la crainte de vous mécontenter, et en tout temps pénétré de vos bontés, mes camarades m'ont jugé digne par ces sentimens d'être leur interprète. Ils auront lieu d'être contens du choix qu'ils ont fait de moi pour vous présenter leur hommage, s'il peut vous satisfaire, Messieurs, par l'organe d'un cœur sensible et rempli de vérité.

1

Parmi les nouveautés que nous avons eu
l'honneur de vous donner depuis Pâques dernier, plusieurs ont reçu de vous un accueil favorable, quelques unes ont subi un sort moins
heureux. Vous rappeler celles qui ont obtenu
votre suffrage, serait solliciter en faveur des
talens un prix qu'ils ont déjà reçu de vous,
tandis que mon silence sur les autres, en
augmentant le regret de leurs auteurs, ne
servirait qu'à renouveler en eux le chagrin
de n'avoir pu réussir : heureux ou malheureux, tous ont été guidés par le même principe; tous, excités par le même désir, méritent au fond les mêmes encouragemens. Ils
viennent de recevoir un exemple bien cher
et bien frappant de la solidité de votre goût
dans l'accueil que vous avez fait à un des chefs-
d'œuvre du célèbre, de l'immortel Corneille,
à la tragédie d'*Héraclius ;* les applaudissemens
que vous avez donnés au *Dépit amoureux,*
lors de la remise que nous avons faite de cet
ouvrage du père de notre théâtre dans un
autre genre : tout atteste l'amour que vous
avez, que vous aurez toujours pour le vrai
beau. Quelque délassement, quelque variété
que vous cherchiez dans vos plaisirs, Messieurs, qu'on suive la route des grands hommes

auxquels vous rendez vous-mêmes journelle-
ment hommage, qu'on intéresse votre cœur,
qu'on élève votre âme, qu'on la séduise ; votre
goût formé, nourri par le sentiment et éclairé
par l'étude, répond au théâtre de la nation,
dont vous devez être les protecteurs et les
soutiens, d'un succès constant et d'un honneur durable. Si les ouvrages ont en eux-
mêmes un mérite suffisant pour s'attirer votre
admiration, il est un autre art essentiel à vos
plaisirs et dont les productions du génie tirent
un nouveau lustre, c'est le talent de la représentation, c'est l'imitation de la nature, ce
sont les moyens nécessaires à l'illusion. En
vous parlant de cette nécessité, Messieurs, je
vous entretiens de nos devoirs ; que ne sont-
ils aussi faciles à remplir à votre gré, qu'il
est flatteur, quand on y est parvenu, d'en être
récompensé ! Pourquoi le zèle et le travail ne
suffisent-ils pas pour surmonter tous les obstacles ? Il n'en serait aucun, parmi nous, qui
n'eût de véritables droits à la considération
dont vous honorez les grands talens. Mais du
moins est-il, pour ceux d'une classe inférieure, une ressource bien précieuse, votre
indulgence et la bonté que vous avez de vous
prêter à leur faiblesse, en leur laissant le temps

d'aplanir les difficultés : tels sont, Messieurs, particulièrement les motifs de ma respectueuse reconnaissance. Content aujourd'hui d'avoir pu exciter votre bienveillance, heureux si quelque jour je n'ai plus à solliciter que votre justice.

DISCOURS D'OUVERTURE,

Prononcé par Molé en 1776.

MESSIEURS,

Le suffrage public a de tout temps été le vrai mobile des arts. Il en est le principe et la récompense. Pour obtenir ce prix honorable, rien n'a paru impossible à qui était vivement animé par le désir louable de le mériter : tel est, vous le savez, Messieurs, le pouvoir de cette émulation victorieuse, l'âme de tous les talens. Elle les élève au-dessus d'eux-mêmes, et, dans le courage qu'elle leur inspire pour entreprendre, elle leur fait trouver les moyens de réussir. C'est ce qu'ont heureusement éprouvé ceux dont vous avez jusqu'ici couronné les travaux. Le but qu'ils ont atteint nous y aspirons tous

avec la même ardeur, et nous osons compter
pour y parvenir sur les soins assidus d'un zèle
que rien ne peut borner ni ralentir. Aidés des
secours de plusieurs de ces hommes recom-
mandables par leur génie, et que la nature a
choisis pour acquérir, par notre organe, la célébrité que donnent vos suffrages, nous voyons
encore de nouveaux moyens de remplir par
eux tous les projets de notre ambition. Ne la
désapprouvez pas, Messieurs; elle est utile à
vos plaisirs, elle ne nous en devient que plus,
précieuse.

En vous faisant part de nos regrets les plus
sensibles, je vais aussi exciter les vôtres. Vous
les accorderez sans doute à M. Grandval, que
nous venons d'avoir le malheur de perdre
pour notre théâtre; c'est le dernier salaire
dont vous honorez le mérite : il a droit d'espérer de votre justice cette flatteuse conso-
lation. En s'attirant vos applaudissemens,
cet excellent modèle enseignait les véritables
moyens de les mériter; mais vos lumières
nous restent. Éclairé par elles, il s'est rendu
digne enfin de vos regrets. Ce sont elles que
nous consulterons pour les adoucir, s'il est
possible.

Nous allons remettre sous vos yeux le coup

d'essai d'un auteur que vous avez jugé digne
d'un accueil distingué (la tragédie de *Za-
rucma*). Ce n'est pas pour l'auteur que je ré-
clame aujourd'hui vos bontés, dont il a reçu
déjà un gage si flatteur; c'est pour moi à qui
il a confié, en l'absence du sieur Lekain, le
rôle important où vous avez applaudi les talens
de cet acteur, favorisé à juste titre de votre
bienveillance. Je ne sens que trop le danger
du devoir que j'entreprends de remplir; mais
rien ne peut mettre obstacle aux efforts de mon
zèle, et tout me répond de votre indulgence.

Si votre goût daigne éclairer ma docilité;
peut-être aurai-je le bonheur de vous offrir
un jour avec succès le fruit de vos leçons. Des
talens qui seraient votre ouvrage, devenus
plus agréables à vos yeux, n'en seraient que
plus chers à mon cœur.

DISCOURS

*Prononcé par Molé, le jour de la clôture, en
1778, en présence de Voltaire.*

MESSIEURS,

L'usage de vous adresser un discours à la
clôture du théâtre, fut sans doute établi par
le sentiment de la plus respectueuse recon-

naissance. Il n'est aucune de nos représentations où, après un travail difficile et réfléchi, si nous avons atteint l'unique but de nos études, le bonheur de vous plaire, nous n'en recevions la récompense la plus flatteuse. Celui qui, à la fin de l'année, osa le premier venir vous entretenir de vos bontés pour lui, pour ses camarades, et vous en rendre grâce au nom de tous, nous a tracé une route que nous aurions ouverte à nos successeurs; et l'instant de plus que vous voulez bien donner à recevoir l'hommage que nous vous devons, est encore une faveur qui nous rend plus présente la bonté qui vous caractérise.

Pour moins abuser de vos momens, Messieurs, on a ensuite cherché à rendre ces témoignages respectueux de notre sensibilité plus intéressans pour vous, en y joignant quelques réflexions sur les ouvrages nouveaux donnés dans le courant de l'année. Vous entretenir du résultat de vos jugemens sur les nouveautés, c'était, pour ainsi dire, pénétrer indiscrètement dans le secret de vos opinions particulières; il est si rare qu'un ouvrage dramatique réunisse tous les suffrages, que, même en répétant le cri le plus général, c'était ouvrir le champ à des récriminations fâcheuses;

et, de plus, dans l'énumération des pièces jouées d'une clôture à l'autre, nommer où passer sous silence celles qui n'avaient pas eu le bonheur d'être adoptées, c'était réveiller dans leur auteur le souvenir d'un instant pénible, et nuire aux progrès d'un art dans lequel les chutes mêmes doivent être un objet d'instruction et non de découragement.

Nous ne courons point cette année le hasard de voir se partager les opinions sur les trois événemens que je vais vous rappeler ; mais lorsque j'ai à vous entretenir du grand Corneille et du grand homme qui vous rassemble aujourd'hui ; lorsqu'en articulant ces noms fameux, je retrace à votre mémoire les tableaux sublimes qu'ils ont confiés à nos talens, je me sens intimider. A qui vais-je en parler ? A vous, Messieurs, qui nous instruisez à en rendre les expressions plus vraies, les couleurs plus vives ; vous en qui le célèbre Lekain en a si profondément imprimé les caractères ; vous, Messieurs, qui, à tous les titres, regrettez en lui le moteur entraînant de vos transports, si souvent et si rapidement exprimés. Il n'est plus, Messieurs, rien n'en reste ; ce tragédien profond, terrible et véhément, dont la cendre fume encore, est à présent, pour tout spectateur nouveau, perdu dans l'idée vague du talent que vous-mêmes, Messieurs, vous vous faites des talens des Roscius et des Baron. Dans tous les genres autres que celui du théâtre, les découvertes heureuses d'un homme de génie sont autant de pas vers la plus grande perfection de l'art qu'il enrichit; et la toile, le marbre ou tel autre dépositaire de ses productions, lui répond au moins pour l'avenir de l'espèce de gloire que le public appréciateur dispense toujours avec justice et proportion, aux hommes nés pour s'attirer quelques distinctions parmi leurs semblables. Ici, Messieurs, tout n'est qu'un éclair : les préparations sont longues, et si les premières masses d'un rôle ont été bien posées, si l'acteur chargé de lui donner la vie théâtrale a bien saisi l'esprit créateur qui l'a placé dans son ensemble, si la disposition du moment est heureuse, le succès est rapide, mais n'assure point pour le lendemain les beautés de la veille ; l'heure nous commande, et tout autre artiste la choisit ; les instans de la faiblesse sont cachés dans l'ombre du mystère, et le public n'est dans aucun art, comme dans celui du théâtre, le confident des impuissances momentanées qui peuvent produire le ridicule à la place du sublime auquel on doit aspirer. Cet éclair de succès qui jeta sur nous un jour favorable, disparaît à chaque représentation, et ce n'est qu'en renouvelant nos efforts pour en rétablir la lumière, que nous pouvons perpétuer vos suffrages. Que ceux qui se seront voués à ce talent ingrat et hasardeux se hâtent de les mériter, qu'ils en jouissent et profitent des momens. Lekain joue Vendôme, Lekain meurt; tout s'anéantit avec lui, et ses longs travaux, ses réflexions, ses talens, sont autant ravis à vos plaisirs que dérobés à l'instruction des jeunes élèves assez malheureux pour se laisser éblouir par l'éclat apparent d'un art dégradé chez cette nation seule, où le théâtre est tout à la fois l'école du génie, du goût, de l'honneur et de la vertu. Qu'ils soient au moins justifiés par le succès, et connaissent à quels titres cet acteur immortel, dont long-temps on répétera le nom, a mérité sa célébrité. Je ne compterai point au nombre de ses qualités acquises, cette heureuse proportion dans tous ses mouvemens, etc.

(Ici un éloge de Lekain que l'on verra d'une manière plus étendue dans la notice de Molé sur ce grand tragédien.)

Mais il me reste à fixer votre idée sur d'autres objets. Permettez, Messieurs, que je là retourne de cette perte irréparable, et que j'ose m'entretenir de vous avec vous-mêmes ; souffrez que je rappelle au public assemblé combien il a le droit de s'enorgueillir du juste sentiment qui l'enflamme au seul souvenir d'un grand homme. Avec quelle affluence Paris est accouru à une représentation donnée au profit d'un descendant du grand Corneille, de ce créateur du théâtre français, qui, du néant dont il l'a tiré, l'éleva du seul vol de son génie au plus haut degré de gloire, en fit l'objet de l'étonnement et de l'admiration de l'Europe, et rendit tellement inébranlables les premiers fondemens qu'il en jeta, qu'ils ne fléchissent point sous le poids de la gloire des hommes immortels qui ont après lui rendu ce monument un des plus célèbres dont la France s'honore ! Ce concours de monde à la représentation de *Cinna,* cet hommage rendu à la mémoire de Corneille, ces exemples de l'enthousiasme français, sont les aiguillons de l'homme de génie, jaloux de s'attirer la même attention d'un public admirateur du vrai beau, et digne enfin de pro-

noncer pour l'avenir l'immortalité dont il est
dépositaire.

C'est ce que vous faites aujourd'hui, Messieurs, du vivant même du digne successeur
de Corneille et de Racine; du vivant de cet
homme universel que ses concitoyens récla-
maient, qu'ils ont retrouvé dans un transport
digne d'eux et de lui, et qui, après avoir
accumulé les succès et les lauriers, après avoir
vu depuis long-temps ses propres ouvrages
se disputer entr'eux la palme que l'univers,
dans son incertitude, décerne à leur auteur ;
après avoir rassemblé le public, il y a soixante
ans, pour une nouveauté théâtrale digne alors
de ses maîtres, vient, soixante années après,
vous rassembler pour une nouveauté encore
digne de lui. Que vous dirai-je, Messieurs?
Après la gloire d'avoir été couronné par vous,
quel plus digne hommage à lui rendre que
de vous inviter à réunir dans votre pensée,
s'il vous l'était possible dans un instant, toutes
les productions de ce génie sublime et iné-
puisable, depuis *OEdipe* jusqu'à *Irène!* Quelle
image, Messieurs! Quel autre champ aussi
vaste et aussi fertile en objets dignes de votre
admiration ; quelle suite de tableaux ajoutés

aux merveilles du siècle qui l'a vu naître! Il semble qu'elle embrasse plus encore que l'esprit humain ne peut comprendre. Mais laissons à la postérité tranquille le soin de prononcer son éloge. Il respire, on l'a retrouvé; l'instant de la jouissance est-il celui de la paisible admiration? Il respire; on l'a revu, ce grand homme, ce vieillard vénérable, l'honneur et l'orgueil de la nature! Semble-t-elle attester son plus sublime effort par le soin qu'elle prend de le conserver! Ah! qu'il vive, que les lauriers dont le peuple l'a couvert lui servent d'égide contre les attaques du temps, et que, revenu au sein de ses concitoyens heureux d'exister avec lui, Paris s'enorgueillisse, aux yeux de l'avenir jaloux, du pouvoir d'embellir le couchant de sa vie : c'est le droit d'un public juste, sensible et digne d'honorer le génie. Vous en usez, Messieurs. Laissez de grâce au milieu des acclamations de joie que son retour vous inspire, laissez percer nos voix; et que notre reconnaissance, proportionnée aux dons accumulés de son génie, vous paraisse un sentiment légitime, en contemplant les titres immortels qu'il nous a donnés au bonheur de vous plaire.

LETTRE DE MOLÉ

Au Journal de Paris.

MESSIEURS,

J'ai déjà trop tardé à vous remercier sincèrement de la note flatteuse que vous avez
bien voulu insérer au sujet de ma femme,
dans votre feuille du vendredi 8 de ce mois,
à l'occasion du rôle que M. Dorat lui a confié
dans sa pièce de *Roséide;* vous avez eu la
complaisance de rendre justice à son application, à ses efforts, et de remarquer en elle
quelques progrès faits surtout depuis quelques mois. Ces progrès ont paru plus sensibles, Messieurs, par l'absence de son ancienne,
qui l'a mise à portée de jouer plus souvent;
et ce que vous avez reconnu en Mme Molé,
prouve qu'au théâtre notre réputation, et
même nos talens, tenant au plus ou moins
d'usage qu'on en peut faire, dépendent du
plus ou moins d'activité ou de complaisance
de celui ou de celle dont nous sommes le
double. Souffrez qu'en rendant publique ma
reconnaissance et celle de ma femme, je vous

prie, Messieurs, de permettre que je relève par la même voie une erreur glissée dans le *Mercure*, au sujet de ce même rôle joué par ma femme. M. de Charnois, gendre de mon camarade Préville, et chargé de la rédaction de l'article des spectacles, devrait mieux savoir ce qui s'y passe, et n'aurait pas dû craindre de nommer Mme Mólé dans la liste des acteurs employés dans cette pièce; il nous dira qu'y avoir nommé à sa place Mlle Luzy, qui n'y joue point, est une faute de copiste, et j'aurai l'honneur de lui répondre qu'en corrigeant l'épreuve il pouvait y relever cette faute; et que Mme Molé ne devrait pas, pour un homme chargé d'instruire le public de la vérité, être plus difficile ni plus long à écrire que Mlle Luzy. A votre égard, Messieurs, j'en viens à vous témoigner toute ma reconnaissance de l'encouragement que vous avez donné à ma femme; c'est par ce moyen toujours honnête qu'inspirant quelque confiance aux talens timides, on leur procure de nouveaux moyens de satisfaire le public. La confiance donne à l'esprit de la liberté, à l'âme de l'essor, et c'est toujours aux encouragemens que le public daigne nous prodiguer

que nous devons le bonheur d'en mériter
quelques uns. J'ai l'honneur d'être, etc.

~~~~~~

SECONDE LETTRE

Au Journal de Paris.

MESSIEURS,

Après le succès que vient d'avoir la superbe tragédie de *Pyrrhus*, de Crébillon;
après l'estime qu'elle s'est conservée dans le
public, on est un peu surpris de trouver dans
le *Mercure* du samedi 10 de ce mois, à l'article *Comédie française*, « En ne la comparant
(la pièce de *Pyrrhus*) qu'à une des tragédies
de son auteur, comme *Rhadamiste* ou *Élec-
tre*, on est obligé de convenir que c'est un
des plus faibles drames qu'il y ait au théâtre,
ou l'un des moins intéressans. » Si la pièce
n'était pas imprimée dans les *OEuvres de
Crébillon*, si la simplicité attachante du sujet,
si l'énergie du style, si la beauté mâle des
caractères n'étaient pas connus et avoués de
tout le monde, quelqu'un de plus digne que
moi se ferait sans doute un devoir de venger

Crébillon de la rigueur de M. de Charnois ;
quant à moi, Messieurs, je me borne à défendre la vérité sur des faits qui sont à ma
plus intime connaissance, et, au hasard de
révéler le secret de la comédie, j'en vais dire
un qui laissera la meilleure opinion du sort
qu'a éprouvé cet ouvrage. Il est dit au *Mer-*
cure, parlant de *Pyrrhus* : « On l'a remise, et
les représentations en sont désertes ; » ce qui
suppose d'une part un cours de représentations, et de l'autre un abandon fâcheux de la
part du public. Or, voici la vérité : la pièce
n'a pu être jouée que deux fois, une à Paris,
et l'autre à la cour, la santé de Mlle Sainval
cadette s'étant affaiblie au point de ne pouvoir la continuer ; à la première représentation à Paris, il n'y avait qu'environ quinze
cents livres de recette, et cela peut-être par
une erreur du journal qui avait annoncé le
Pyrrhus de Thomas Corneille ; à la seconde,
il y avait près de deux mille livres, et là elle
fut interrompue. Que le public réduise maintenant à sa juste valeur, « On l'a remise, et
les représentations en sont désertes. » Je ne
parlerai point du plaisir qu'a fait cette pièce
à la cour ; je ne dirai point par qui elle avait
été choisie pour y être jouée ; sur cela seul

on en prendrait peut-être une meilleure idée que celle que M. de Charnois en avait voulu laisser. S'il me demande pourquoi je relève cette erreur, je lui répondrai tout naturellement que c'est d'abord par amour pour la vérité, ensuite que c'est par un sentiment de reconnaissance bien légitime pour le grand homme qui a fait le superbe rôle de Pyrrhus, auquel j'ai dû de nouvelles bontés du public, ainsi que l'occasion de lui réitérer les preuves de mon zèle; et j'ajouterai à M. de Charnois que quand on veut mériter sa confiance, il faut au moins lui rendre un compte exact de ce qui se passe sous ses yeux. J'ai l'honneur, etc.

ÉPITRE SUR CHARNOIS,

*Alors rédacteur du Journal des Spectacles,
et depuis gendre de Préville.*

CONNAISSEZ-VOUS l'individu
    Qui fait le Journal des Spectacles ? —
Non : mais apparemment c'est quelque homme connu
    Que du théâtre on a nommé l'oracle ;
        Quelque homme instruit, sage, éclairé,
    Pour les talens de flammes pénétré,

Qui les honore et les aime et les guide,
Qui d'après le bon goût et la raison décide ;
Quelque homme impartial, prudent, quelque faiseur,
Ou pour le moins quelque vieil amateur,
Quelqu'un enfin fait pour instruire
Le peuple à bien juger et l'acteur à bien dire. —
Point du tout ; rien de tout cela.
Celui qui fait ce journal-là,
Est un jeune important, fat, sans expérience,
Bien sot, bien plein d'insuffisance,
Bien ignoré, bien ignorant,
Sans titre aucun pour juger le talent,
Petit-maître du coin, chaland de bouquetière,
Depuis quinze ou vingt mois cabalant au parterre,
Commis d'ailleurs à deux fois cent écus,
Qui, les trouvant trop exigus,
Obtint par le crédit de notre ami Préville,
Homme en projets saugrenus très fertile,
L'honneur d'être nommé journaliste malin,
Pour épouser après la fille de Crispin.
Ainsi, tremblez, ô vous dont le génie
A tout vivifier et s'exerce et se plie !
Vous dont les grands succès l'un sur l'autre entassés,
Attestent des talens par l'usage exercés !
Pour établir cet innocent ménage,
Chacun de vous aura sa page,
Où vos défauts, si souvent rachetés
Par de grands traits, d'étonnantes beautés,
Et dans l'ensemble et dans le caractère,
Seront jugés, repris, placés devant derrière,
Mal définis, supposés : c'est égal ;

C'est pour le mal qu'il dit qu'on s'abonne au journal.
Il faut vivre, on le sait. Beau-père et belle-mère
Seront seuls exceptés du devoir de bien faire ;
Et l'on voit que déjà l'espoir du premier ban
Lui fait dissimuler le sec de la maman,
  Sa froideur, son ton pigrièche,
 Sa gaîté dure et son amour revêche ;
Que, par respect pour elle encore, il trouve bon
Le jeune, le charmant, mais novice Reymon.
Passé cela, tremblez ; vos talens mis en pièce
Meubleront les époux nouveaux, pièce par pièce.
Pleure, mâle Lekain ; tes défauts réunis
  Leur fourniront le linge, les habits,
   La Vestris leur tapisserie,
   Et la Sainval leur batterie,
Les glaces, aux dépens du pauvre Bellecour,
  Répéteront leur chaste amour ;
  Mais j'oubliais.... Ah ! misérable,
 Un lit, un lit pour ce couple adorable !
  Eh parbleu, faut-il tant chercher ?
Molé, c'est son ballot, fournira le coucher.

   (*Les Après-Soupers de la Société, Théâtre lyrique.*)

CHANSON.

Air : *Je suis Lindor, etc.*

Tu veux, Chloé, savoir la différence
Du fol amour à la tendre amitié,
J'éprouvai l'un, et par l'autre lié,
Je peux, je vais t'en tracer la nuance.

L'amour naissant présage une défaite ;
Croissant, il nomme un esclave, un vainqueur.
Tendre amitié n'est point tyran d'un cœur,
Également elle est reine et sujette.

L'amour heureux est un état de guerre,
Pour conserver les honneurs du succès ;
Amitié tendre est un état de paix
Qui nous refait des maux qu'amour opère.

L'amour constant a perdu sa chimère ;
Tyran oisif, triste victorieux,
Son nom le gêne ; il vaudrait beaucoup mieux
Pure amitié qu'amour qui dégénère.

Charme des sens ! tendre amour ! vive flamme !
Tu nais, renais, meurs avec nos beaux jours :
Tendre amitié, moins brûlante en son cours,
Jusqu'au tombeau du moins soutient notre âme.

Doutez pourtant, vous que l'amour enivre,
S'il faut un jour à lui la préférer ;
Un tendre ami peut bien exagérer
Le prix du bien qui lui reste pour vivre.

COUPLETS

Chantés par Molé dans une fête donnée à Mlle Dangeville par la Comédie-Française.

AIR : *Si le roi m'avait donné, etc.*

Pour Dangeville un couplet
　　Peut d'abord se faire ;
Mais je veux qu'il soit parfait,
　　Digne de lui plaire.

Oh ! j'en sais le sûr moyen ,
C'est d'y mettre pour refrain
    Le nom de Molière ,
      O gué !
    Le nom de Molière.

Le talent disparaissait
    De la scène entière.
Dangeville commençait
    Sa belle carrière ;
Là bas cet homme divin ,
De son goût, de son jeu fin ,
    La fit héritière ,
      O gué !
    La fit héritière.

Quand aux Français on fêta
    Cette ombre si chère ,
Un plaisir vif transporta
    Loges et parterre ;
Mais tout bas chacun disait
Que Dangeville manquait
    A la *Centenaire*
      O gué !
    A la *Centenaire*. (1)

---

(1) Pièce jouée pour l'anniversaire de Molière .

ÉLOGE DE Mlle DANGEVILLE,

ANCIENNE ARTISTE DU THÉATRE-FRANÇAIS,

Fait et prononcé par M. Molé, artiste du même théâtre et membre du Lycée des Arts, le 20 fructidor an 2.

MESSIEURS,

Dans cette enceinte consacrée aux arts, aux sciences et aux talens, dans cet asile de la vraie fraternité, où les cœurs et les bras sont continuellement ouverts pour accueillir les efforts du génie, soit qu'ils tendent à soulager l'humanité souffrante, soit qu'ils aient pour objet d'enrichir la société de découvertes utiles, vous trouvez encore des momens pour les talens agréables; et, mus par l'amour social des arts, attentifs à suivre dans la foule des artistes ceux d'entre eux dont un public idolâtre de la perfection a désigné les talens à l'immortalité, vous éprouvez ce désir, ce besoin de couronner en son nom ceux que la bienfaisante nature a généreusement comblés de ses dons.

C'est ce sentiment qui vous a nommé la célèbre, l'*inimitable* Dangeville, épithète qui fut de tout temps ajouté à son nom par l'équité, par le bon goût et par les enthousiastes de la grande vérité dans l'art de la représentation théâtrale.

Ce souvenir d'un talent sublime sera d'autant plus précieux à ceux qui ont applaudi à ses succès, qu'après les trente-un ans écoulés depuis sa retraite du théâtre, et les trente-trois années qu'elle y avait passées pour la gloire de la scène française, elle est vivante encore ! Et le public, dont la volonté suprême, dont le sentiment unanime, dont l'urbanité de caractère est d'honorer la vieillesse, jouira de son propre bienfait, en applaudissant au bonheur que va répandre son assentiment sur les jours vénérables de notre ancienne Thalie, sur ces jours conservés par le feu qui animait son génie, qui appelait la gloire sur elle, et qui aujourd'hui soutient encore sa vie.

Je viens de dire les trente-un ans écoulés depuis sa retraite : ce fut en 1763 que le public la perdit, à l'époque où l'Opéra, qui venait d'être incendié, envoya Terpsichore dans le temple de Thalie ajouter ses grâces et ses jeux pour célébrer cette paix honteuse d'un gouvernement lâche avec les Pitt d'alors, cette paix que les Français vengent aujourd'hui, parce qu'ils sont libres dans leur énergie et gouvernés au gré de leur courage.

Cette époque reculée de la retraite de Dangeville prouvera que peu de nos auditeurs ont joui de sa perfection ; elle prouvera aussi que celui chargé de retracer à l'imagination ses talens suprêmes, a long-temps vécu ; mais ce devoir si doux de provoquer pour elle le réveil de la gloire au sein d'un repos si justement acquis, peut bien consoler le peintre admirateur de son modèle, du chagrin de ses soixante années, puisque c'est à leur nombre qu'il doit le pouvoir de la transmettre, quoique imparfaitement, à la génération présente.

Marie-Anne Bottot-Dangeville, née à Paris, le 26 décembre 1714, débuta au Théâtre-Français le 28 janvier 1730 ; elle est de famille d'artistes du théâtre, la plupart célèbres ; elle descend par sa mère de Montfleury, auteur de plusieurs comédies connues ; elle a eu pour tante et pour aide dans ses premiers essais, Charlotte Desmarres, qui nous a laissé un nom digne d'être cité pour la tragédie, et dans la comédie, pour les soubrettes.

Ce début, en 1730, n'était qu'une suite des

succès de son premier âge : élevée au sein
d'une famille d'artistes estimables, ses parens
l'avaient disposée aux grâces, en vouant ses
premiers efforts à la danse. Instruits par des
connaissances acquises, ils ne prévoyaient pas
que l'instinct d'un genre de talent plus réfléchi fût tel chez Dangeville, qu'il surmonte-
rait en elle le danger de faire trop tôt essayer
la jeunesse dans l'art de la représentation
théâtrale ; c'est avec justice qu'ils supposaient
que les sources de l'exécution de cet art ne se
trouvent que dans l'usage de nos propres affections ; mais la nature, plus savante encore,
se fit en faveur de la jeune Dangeville un
plaisir de franchir ses propres limites, et cette
mère bienfaisante n'attendit pas pour la sevrer
de l'enfance, qu'elle en eût dépassé l'âge.

Dans les rôles donc où nos auteurs se plaisent
à montrer les enfans artistes à leur aurore,
Dangeville parut au plus beau matin de son
talent, avec une physionomie charmante et
fine, avec des traits réguliers, vifs et pleins
d'expression, une taille svelte, des mouvemens arrondis et pleins de grâces, un *agen-
cement* tel dans toute sa personne, que sa
marche, sa gesticulation, et tout son ensemble
aussi flatteur à l'œil que son naturel était sé-

duisant, inspiraient à la voir autant de plaisir
que d'enthousiasme à l'entendre. Mais surtout
elle avait dans son dire un charme de vérité
que nos plus grands talens ont pu atteindre,
mais qu'ils n'auraient jamais pu surpasser.
Ainsi elle avait paru, ainsi elle a prospéré
jusqu'au dernier moment; et, du reste, le
premier tact du sentiment était chez elle si
juste, si parfait et si rapide, qu'il est connu
qu'à la première lecture qu'elle faisait avec
ses camarades d'un rôle de pièce nouvelle, le
trait comique ou saillant était en elle marqué
aussi sûr et aussi vrai qu'à la trentième représentation.

Son emploi de fonds était les soubrettes;
mais des talens aussi supérieurs ont-ils un
emploi circonscrit? A l'exemple de la célèbre
Quinault qu'elle a remplacée, elle passait successivement de la femme aimable des *Dehors
trompeurs* à la jeune paysanne des *Trois Cousines*, et de la grande amoureuse du *Legs* à
la bonne Martine des *Femmes savantes*, ou
à la fine soubrette du *Dissipateur*. Aucune
nouveauté n'était offerte au public, sans que
nos littérateurs dramatiques n'aient, autant
que le sujet pouvait le comporter, mis en activité la richesse de sa composition; et par-

tout c'était en elle ce... je ne sais quoi de séduisant qui découle d'un dire vrai, piquant,
spirituel, plein d'attrait et de ce charme qui
amuse l'esprit en intéressant le cœur.

Pour donner la nomenclature des rôles dont
elle était chargée, il faudrait presque citer le
répertoire entier qui l'avait précédée, et la
plus grande partie des nouveautés comiques
données pendant les trente-trois années de sa
présence au théâtre : tels, l'étourdie indiscrète
de *l'Ambitieux*; la nonchalante petite maîtresse des *Mœurs du temps*; la mère vive et
entraînante dans *le Complaisant*; *la Fausse
Agnès*; la vieille Olban dans *Nanine*; l'Amour
dans *les Grâces*, et tant d'autres de genres si
opposés. Le juste penchant de nos auteurs
dramatiques était si prononcé en faveur de
son talent, ce talent était partout si heureusement employé, que Voltaire lui-même,
attiré vers elle par sa supériorité comique et
par le souvenir de ses succès dans le rôle
d'Hermione, dont elle avait joué de suite
onze représentations, vint un instant lui arra-
cher le masque de Thalie, pour l'armer de
nouveau du poignard de Melpomène, et lui
confier le sort de Tullie, dans la tragédie de
Brutus, conservée au théâtre par l'admiration

due au génie., et par l'enthousiasme des vertus républicaines de son héros.

Quant au caractère de ce talent, plus facile
à louer qu'à définir, une anecdote du temps
en pourra donner l'idée juste; je la trouve
dans le célèbre Armand, son contemporain,
artiste jouant ce que l'on appelait alors les
grands valets, et mémorable aussi par sa
grande vérité comique. Armand s'était amusé,
sans fiel et sans méchanceté, à appliquer à
chacun de ses camarades des titres de pièces
connues, qui pussent peindre leur personnel.
Tel il avait nommé Paulin, acteur jouant les
paysans, et d'un naturel sauvage et solitaire,
le *Geôlier de soi-même*, comédie de Thomas
Corneille; tel encore il avait désigné la belle
et tendre Gaussin sous le nom d'une comédie
de Marivaux, intitulée *la Réunion des Amours*;
et tel enfin il n'hésita pas à appliquer à notre
inimitable Dangeville le nom d'une comédie
de Destouches, intitulée *la Force du Naturel*.
L'éloge de Dangeville est tout entier dans
cette ingénieuse allusion. Ajoutons à l'avantage de ce naturel si pur et si vrai, une timidité
modeste tellement rare, que notre ancienne.
Thalie, jusqu'à sa dernière représentation,
en 1763, et pendant le cours de ses trente-

trois années de succès, n'a jamais paru sur
la scène sans un tremblement insurmontable
qui nécessairement lui eût nui, si le public
toujours juste, et soutien enthousiaste du
vrai beau, n'eût à chaque occasion occupé sa
reconnaissance du devoir de vaincre sa timidité, en lui prodiguant les applaudissemens
les plus nombreux, récompense équitable des
talens de la veille, et précurseurs certains de
ses succès du jour.

Cette intéressante timidité la suivait partout, et ce fut elle qui, jointe aux réserves
d'une éducation très soignée et à une grande
douceur de caractère, a pu prêter à la jalousie
toujours maligne, le plaisir perfide de publier
qu'elle avait peu de ressources dans l'esprit.
Mais, aussi ignorante que persécutrice, la malignité ne pouvait savoir que si le tact du sentiment dont elle était si heureusement pour-
vue est le bienfait premier de la nature,
l'esprit vient ensuite donner la direction à
l'ensemble, et que la perfection ne peut naître
que du concours de l'âme identifiée pour la
partie artiste, avec les combinaisons de l'esprit.

Eh! qui d'ailleurs aurait pu défendre notre
vraiment inimitable contre cette calomnie?
Eût-ce été une société peu nombreuse et choi-

sie d'amis estimables, soit hommes de lettres, soit artistes, dont elle était digne, et dont elle s'entourait? sa famille, qu'elle appelait sans cesse auprès d'elle? Leur justice à son égard aurait été nommée un aveuglement de l'amitié, et à ce prix, le cœur sensible et naturel de Dangeville consolait facilement son amour-propre de n'avoir à opposer à ce reproche ridicule que des défenseurs suspects. Que l'on juge, au surplus, de son discernement à placer ses bienfaits. Elle a recueilli chez elle et couvert des égards recherchés de la délicatesse, la petite-fille du grand Baron, que l'infortune avait semblé abandonner à toutes les inquiétudes d'un avenir incertain. Dangeville pourvut à tout, et la vie de cette intéressante demoiselle, vouée depuis plus de dix-huit ans aux doux soins de la reconnaissance, ne fut plus dès le premier moment tourmentée d'une perspective douteuse, que la plus riche des deux venait enfin de fixer au calme et au bonheur. En bienfaisance comme en talent, un esprit sûr a toujours dirigé son âme.

C'est avec un regret bien sensible que j'éprouve l'impossibilité de rendre plus vivans aux yeux et à l'âme de mes auditeurs les traits qui composaient sa perfection. Là est l'ingra-

titude de cet art qui ne laisse après lui qu'un
nom! Comment peindre cet usage riche,
aimable, spirituel et vrai qu'elle faisait du
fonds que l'auteur avait confié à son tact rapide et sûr, à ses grâces, au charme séduisant
qu'elle répandait sur tous ses rôles? enfin cette
discrétion du bon goût qui la maintenait dans
les justes bornes du sujet, de la situation et
du caractère, au-delà desquelles on n'a pas à
lui reprocher d'avoir jamais dérobé un seul
effet.

Dans l'impuissance de perpétuer par le secours des sens l'image des talens de Dangeville, c'est à vous, adorateurs des arts, hommes
de goût et d'une imagination vive, à chercher
(et vous le trouverez) dans celles qui lui ont
succédé, ici (1), cette finesse active, cette
vivacité de comique, ce saillant de l'art qui la
caractérisaient; là (2), cette grâce aimable
qui se répand sur toutes les idées, sur toutes
les formes et les décore; plus loin (5), dans
une artiste qui sous nos yeux s'élève au niveau de celle dont nous célébrons aujourd'hui

(1) Mademoiselle Joly.
(2) Mademoiselle Devienne.
(3) Mademoiselle Contat.

la perfection., la profondeur du génie, la fé-
condité de l'intelligence et la richesse de cette
composition, qui, décorée du plus beau naturel, forme la régularité du dessin et la vérité
du coloris.

Pour moi, qui dans ma jeunesse, placé
au parterre, dus à l'inimitable Dangeville
l'amour de cette vérité dont j'ai tenté de faire
la base de mes premiers essais, mon hommage
ici n'est qu'un sentiment de reconnaissance;
c'est à la flamme de son talent que s'est allu-
mée l'étincelle du mien. Préville alors était
l'émule de Dangeville; si ce n'eût pas été d'elle
que j'eusse pris la passion du vrai beau, c'eût
été de Préville; mais elle est femme, et Thalie me pénétra plus encore que ne le faisait
Momus.

J'ajoute, en faveur de l'art, une remarque
aussi juste qu'utile : c'est que Dangeville avait
tellement accoutumé le public à la grande
vérité du dire, que cette qualité première du
talent était devenue son premier besoin. La
vérité dans l'art de la représentation théâtrale
était alors le principe de tout jugement; les
journaux, le public assemblé, le public séparé,
tout ne retentissait que de ce mot : *Vérité!*
Tout talent sans vérité, quelle que fût d'ail-

leurs la portion intelligente de l'artiste, n'était regardé que comme secondaire et factice ; tout jeune sujet, avec de la vérité, laissait des espérances. Tant il est vrai qu'un être parfait en un genre a le triple mérite, d'abord de s'acquitter glorieusement de la dette dont on est comptable envers la société ; ensuite, de tracer la route qu'il est utile de suivre ; et finalement, de fixer les limites du bon goût, sur lequel seul repose la régénération des vrais talens ; et l'on ignore si ce précepte conservateur des arts, tracé par Boileau, a été donné ou reçu par l'immortelle Dangeville :

Rien n'est beau que le vrai, le vrai seul est aimable.

NOTICE

DE FRANÇOIS-RENÉ MOLÉ,

ARTISTE DRAMATIQUE,

SUR LES MÉMOIRES DE H. L. LEKAIN.

Ces Mémoires, précédés d'une courte introduction, par Lekain fils, sont plutôt un recueil de manuscrits et de lettres trouvés dans le cabinet de son père, qu'un ouvrage suivi qui pourrait donner quelque idée du talent de l'homme célèbre dont le nom doit passer à la postérité. On y voit la preuve de l'intérêt qu'il avait inspiré à Voltaire, de l'amitié que lui a toujours conservée ce grand homme, qui s'était plu à lui donner les premières notions du talent tragique auquel il a dû sa gloire; on y voit des témoignages de l'estime qu'il s'était attirée de grands personnages et d'hommes d'un mérite rare ; on y voit souvent Lekain, dans son intérieur, travaillant à l'amélioration d'une société dont il était devenu l'un des membres les plus distingués; on y voit Lekain, pénétré des beautés originales de Rotrou, résister, avec l'impru-

dence la plus courageuse, à l'enthousiasme
qu'avait excité à la cour et dans les sociétés
encyclopédiques, le zèle indiscret de Marmontel à traduire le *Venceslas* de ce père de
la tragédie, sous prétexte de rajeunir son
style; et, par un contraste assez bizarre, on
y voit Lekain reprenant dans le *Cid* et dans
Nicomède les fautes grammaticales de Corneille, qui n'avait pas pu devancer les progrès
de la langue française, et dont le cachet original était peut-être aussi sacré que celui de
Rotrou; on y voit partout un homme de bien,
voulant le bien; un homme reconnaissant
envers son bienfaiteur (M. de Voltaire), qualité si rare qu'il faut en faire une vertu; on
y voit un homme occupé, réfléchi; un homme
amoureux de l'ordre dans toutes les parties
où il pouvait avoir quelque influence; un
homme désireux à l'excès du maintien et des
progrès de son art; et l'on sait avec quelle
amertume il redoutait la chute de l'art du
théâtre, au temps où l'on conçut le projet de
transporter la scène française de la rue des
Fossés, faubourg Saint-Germain, lieu de sa
naissance et de sa gloire, aux Tuileries, devant un public nouveau, un public partagé,
disait-il, entre le chant et la danse de l'Opéra,

la musique de Grétry.... (Que dirait-il donc aujourd'hui, s'il avait le pouvoir d'ajouter à ce mélange des goûts, les théâtres Montansier, 'Feydeau et les Bouffons entourant le Théâtre-Français?) tandis que l'amour sans alliage du faubourg Saint-Germain, pour Molière, Corneille et Racine, lui paraissait un garant plus sûr contre l'égarement de cet art si délicat, que le plaisir qu'il offre le perd, si l'on en jouit sans le guider ou sans le contenir. On trouve encore dans ses opuscules les vœux qu'il formait pour l'établissement d'une école. Il avait fait des élèves en chambre; mais il sentait mieux que personne que le talent du théâtre étant vu dans l'optique, les leçons à hauteur d'appui étaient insuffisantes, et qu'il fallait un théâtre, un point d'optique pour juger les élèves, les conseiller et les former aux divers besoins de cet art. Toujours conséquent et pourvu d'ensemble dans ses vues, c'était auprès du Théâtre-Français, alors rue des Fossés, faubourg Saint-Germain, dans les masures attenant le palais du Luxembourg, qu'il l'aurait cru placé favorablement.

A l'égard de son caractère personnel, qui, dans l'exercice de ce talent, n'est jamais

étranger à son essence, le sien est peint avec
la vérité la plus parfaite, dans une lettre de
Colardeau écrite à lui-même, et insérée dans
ses Mémoires, page 292; il lui dit, à propos
de sa tragédie de *Caliste,* dont le sort futur
excitait sa modeste inquiétude. « Les Mar-
« montel et la méchanceté tragique m'atten-
« dent au fatal passage; ne vous sentez-vous
« pas cette fermeté stoïcienne qui déconcerte
« les petits complots et la sourde cabale?
« Oh! je vous connais! vous êtes un homme
« impayable dans les momens critiques où il
« faut de la résistance et de l'*inébranlement.*
« Vous avez fait vos preuves, et vous êtes,
« soit dit entre nous, le plus opiniâtre per-
« sonnage que je connaisse. Pour moi, etc. »

Indépendamment de l'influence que ce
caractère suivi et profond avait répandue sur
le genre de son talent, on voit combien,
d'une part, il pouvait être hasardeux d'arrêter ses idées dans leur course, et de l'autre
combien son inflexibilité put lui attirer de
chagrins secrets dans les occasions où céder
une partie de son bien est un de ces moyens
que la prudence conseille pour se conserver
l'autre; aussi trouve-t-on, dans plusieurs endroits de ses écrits, quelques teintes de cette

mélancolie qu'excite dans une tête réfléchie et pensante le non succès de ses entreprises pour le bien qu'il voit à sa manière. Mais quelque estime qui doive résulter pour son personnel de la lecture de ces Mémoires, on n'y trouve nulle part ce qui doit exciter le plus d'intérêt et de curiosité dans un artiste célèbre comme Lekain. On n'y trouve point quel fut le caractère de son talent, quels furent ses droits à des succès éclatans, et quelle route il suivit pour arriver à se faire un nom destiné à vivre dans la postérité. Ce que n'a pu faire M. Lekain fils, éditeur de ces Mémoires, je vais l'essayer, et j'adopterai volontiers pour épigraphe, en parlant de Lekain, ce que M. de Ségur aîné vient de dire dans sa Notice de la vie de Garrick, *Bibliothèque française*, deuxième année, n° III : « Que le « moyen de créer des hommes d'un grand « talent, est de louer ceux qui n'existent « plus. » Ici les acteurs en activité, et ceux à naître, pourraient en effet trouver quelque chose à recueillir, s'il était plus facile de rendre vivans à l'imagination les traits qui ont caractérisé le talent mâle et sublime du grand tragique dont je vais parler.

« Cependant Lekain, lors de ses débuts,

est-il dit dans son éloge extrait du *Mercure de France*, mois de mars 1778, n'eut pas seulement à vaincre la nature, mais encore les efforts de l'envie, les intrigues du foyer, du grand monde, les jugemens précipités des gens frivoles; il n'avait pour lui que le parterre, constant à l'admirer et à l'applaudir. »

Ce parterre alors était composé en partie des habitués de ce fameux café Procope, qui avait été le rendez-vous de tous nos hommes de génie; où résidaient, à propos des talens du théâtre, l'amour du beau, la volonté du vrai, la justesse du goût, le souvenir des Baron, des Lecouvreur, l'admiration pour Mlle Dangeville, les discussions approfondies sur la différence marquée qui se trouvait entre le talent entraînant de Mlle Dumesnil et le talent réfléchi de Mlle Clairon; ainsi cette constance du parterre à applaudir Lekain, à l'admirer, suffit seule pour prouver que l'on découvrait, dès son aurore, les beaux jours de Melpomène qu'il a fait luire depuis.

Nous ignorons s'il excita l'envie de ses émules, il ne faut peut-être que connaître la nature pour le présumer; mais nous croyons, à son sujet, aux intrigues du foyer, du grand monde, aux jugemens précipités des gens frivoles, et nous supposons qu'on ne sera pas fâché d'apprendre quelle cause, frivole en effet, pensa priver la scène d'un des plus beaux talens qui l'aient jamais illustrée.

Lekain était d'humeur à se livrer tout entier à ce qu'il entreprenait; les recherches d'une toilette soignée lui eussent pris des momens qu'il aimait à consacrer au travail : orfévre d'abord, et déjà distingué dans cette profession, il avait conservé, en paraissant au milieu de nos dames de la Comédie-Française, le costume, les habitudes et les négligences d'un homme tout entier à son premier état; il portait même ces négligences plus loin qu'aucun autre de sa profession, qui n'exclut point les petites attentions qu'inspire le goût naturel d'être bien aux regards des autres; heureux de la conquête d'une femme jeune et charmante, devenue son épouse, l'aimer bien franchement avait été son seul art pour lui plaire; et le soin de ses succès était son seul effort pour se la conserver. On ne croira jamais qu'un défaut de cette espèce ait pu influer sur le sort d'un jeune débutant, pourvu d'ailleurs de dispositions si nouvelles et si entraînantes; cela fut vrai pourtant :

Lekain se présenta pour débuter avec un tel abandon dans ses habits, dans sa tenue, qu'il fit sourire de pitié des gens à talens, décorés des vêtemens de luxe que l'on portait alors. Cette négligence, accompagnée d'une figure et d'une taille peu avantageuses, annonçait pour lui une chute humiliante sur le premier théâtre du monde; tout l'aréopage comique y comptait; mais quelle fut sa surprise, quand le parterre, peu chicaneur sur la toilette plus ou moins recherchée de l'homme privé, se transporta d'enthousiasme à la découverte des qualités qui lui valurent de sa part cette protection décidée!

Il est à croire aussi que les partisans de Voltaire ne contribuèrent pas peu à attiser ce feu protecteur en faveur de Lekain, son élève, et nous devons cet hommage à quelques femmes d'esprit (Mme la princesse de Robeck et toute sa société, idolâtre du grand homme qui l'avait formé), que sans égard pour son extérieur, elles l'accueillaient avec bonté, tandis que toutes les autres femmes mettaient à la mode de le trouver affreux.

Il n'est point, dit-on, de héros pour son valet de chambre : les cris de l'enthousiasme, les faveurs glorieuses du parterre s'anéantissaient le lendemain à la répétition, à l'aspect trop négligé qu'il présentait dans tout son ensemble; comment a-t-on des talens avec une figure comme celle-là? Comment serait-on jamais comédien du roi, sous des dehors si peu soignés? L'image que je présente paraît exagérée, et cependant ne l'est pas; le rire, la moquerie tenaient lieu de raisonnement et de raison quand on mettait en question s'il fallait l'admettre seulement à l'essai.

Qu'opposer cependant à cet homme dont le parterre s'est engoué? Un acteur très beau et très recherché dans ses habits. On fit venir de Bordeaux le brave et loyal Bellecour, qui pensa être sacrifié à cette intrigue de foyer; la force de son talent était dans la comédie, et ce fut dans la tragédie qu'on le fit paraître d'abord; Bellecour avait trop d'esprit et d'intelligence pour se fourvoyer à un certain point dans ce genre que la nature lui avait refusé; mais il ne fut vraiment bien accueilli que dans la comédie. Ainsi Lekain resta en pleine possession de ses succès, malgré cette petite niche de ses camarades, en dépit desquels, enfin, il fut reçu à l'essai, puis congédié, puis essayé de nouveau, et congédié encore.

Pendant les intervalles de ces renvois à ces réceptions éphémères, il reprenait ses amusemens chéris dans les troupes de société dont il parle, à l'hôtel de Jaback, à l'hôtel de Tonnerre, rue des Minimes, et au Temple dans les tours, où le bailli de Saint-Simon avait fait bâtir un théâtre. Le public se portait en foule à ces représentations de jeunes amateurs les jours qu'il jouait; les recettes du Théâtre-Français en souffraient, et la société des comédiens du roi, ballottée entre son éloignement pour Lekain et son intérêt, consentait qu'il rejouât, en se dépitant contre sa laideur, la négligence de son costume et l'énergie de son talent.

Quelque aigreur aussi s'était mêlée dans ses rapprochemens avec ses camarades : peu accoutumé aux demi-mots piquans de nos femmes spirituelles par état, et malicieuses par esprit de corps, Lekain, sans sortir des bornes d'une bonne éducation, mais avec un caractère plus profond que léger, répondait un peu sévèrement à de malignes plaisanteries, et cette manière ne stimulait pas l'intérêt en sa faveur; ces petites querelles passaient du foyer chez Procope, et le parterre s'ingéra d'une façon nouvelle de faire connaître son vœu en faveur de Lekain, à ne pas s'y méprendre : il appelait Lekain à la fin de chacune de ses représentations, et lui demandait d'annoncer. L'usage était alors que tout acteur reçu disait au public : « Demain, *nous aurons* l'honneur de vous donner tel spectacle, » et que les acteurs non encore admis dans la société, ne pouvaient dire que : « Demain, *on aura* l'honneur de vous donner, etc.; » c'était la seule manière de parler permise à Lekain; le parterre y suppléait de sa propre expression, et chaque fois qu'il disait *on aura*, le public, sans le laisser achever, reprenait à cris répétés, *nous aurons*, *nous aurons*.

Un désir si constant, si prononcé de la part du parterre, excita probablement la curiosité de la cour; son début y fut décidé, et Louis xv trancha la difficulté.

Nous venons de voir les défauts reprochés à Lekain, voyons maintenant ses titres aux premiers succès qui fondèrent son éternelle gloire.

Si l'œil s'arrêtait désagréablement sur un visage maigre, sur des joues creuses et sur des narines trop ouvertes, combien d'ailleurs n'y était-il pas fixé par la puissance de cette sympathie qui attache le regard, avec un intérêt invincible, sur la physionomie d'un acteur fort d'expression, et toujours à la scène, soit en parlant, soit dans le silence ! Jamais la correspondance entre l'âme et les traits ne fut plus fidèle, plus mobile et plus vive, que celle que Lekain offrit, dès son début, au spectateur étonné. J'ignore jusqu'à quel point l'action silencieuse, communément appelée le jeu muet, avait été jusqu'alors en usage ; mais toujours est-il que le public s'enflamma de la vivante activité du sien, au point de nous faire croire que cette richesse théâtrale, ou fut une nouveauté pour lui, ou que, si ses compétiteurs l'employaient, ce devait être avec moins d'avantage et moins d'expression que Lekain, dont l'action pantomime était aussi éloquente, aussi attachante que son action parlée.

Quant à sa structure, elle n'était pas plus heureuse ; sa taille était de cinq pieds trois pouces ; ses formes étaient rondes ; rien de musculeux ne désignait en lui la force ; sa profonde énergie était toute entière dans son âme et dans son caractère ; il était un peu arqué, et ses jambes se déterminaient désavantageusement ; d'où il résultait que les costumes qui l'enveloppaient lui étaient favorables ; mais la nature semblait s'être plu à le dédommager de ses négligences par des qualités victorieuses : il n'avait pas un mouvement qui ne fût une grâce ; ses pauses étaient d'une régularité parfaite ; jusqu'à sa marche grave, lente et majestueuse, tout était tragique en lui, et jamais cette qualité théâtrale que nous nommons l'à-plomb, ne fut plus imposante et plus prononcée que chez Lekain, dès son début.

Quant au moral de son talent, ses conceptions étaient justes, et toutes ses inflexions, quoique alourdies par la gravité du genre et par l'essence même de son talent, n'en étaient pas moins prises dans la vérité première du sentiment quelconque qu'il exprimait. Je ne me souviens pas qu'il abandonnât rien au hasard, que rien d'oiseux laissât en lui le public dans le vague de son intention ; ses transitions, éprouvées par un long silence, étaient aussi éloquentes que sa parole, et l'on y voyait avec clarté son âme s'éteindre sur une affection, et renaître pour une autre dont l'expression devenait positive et commune ; avantage qui résultait en lui, et de la justesse de ses aperçus, et de l'obéissance fidèle de ses traits aux affections de son âme.

On lui reprocha, dans le temps de ses dé-

buts, d'avoir la voix sourde et les sons dé-
chirés ; c'était déchirans qu'il fallait dire, et,
quant au corps de sa voix, jamais effectivement elle ne fut sonore à un certain point;
mais au moins en possédait-il le médium,
avantage si difficile à acquérir, avantage si
précieux, si indispensable, que, sans le médium
de la voix, point de vérité, point d'illusion,
point de talent du premier ordre, point de droits
au souvenir de la postérité. Ce serait un peintre
qui couvrirait son dessin de couleurs toutes
fausses, qu'un acteur qui couvrirait son parler
d'une voix factice, prise, ou dans le haut, ou
dans le bas de son organe. Riche, dès son début, du médium de sa voix, celle de Lekain
était dépourvue du mordant flatteur qui ca-
resse l'oreille, et ce défaut lui aliéna d'autant
plus les spectateurs, qu'il succédait dans beaucoup de rôles à Dufresne, qui avait dû ses
grands succès principalement à la beauté de
sa figure et à celle de son organe, dont il abu-
sait par un chant mesuré, reste de l'ancienne
manière de déclamer, au milieu de laquelle
Baron et Mlle Lecouvreur avaient paru un
miracle de vérité, par la simplicité de leur
dire.

Dans le cours des vingt-huit ans que Lekain

fut au théâtre, son talent subit trois variations : à son début, il était fougueux, emporté, et semblait quelquefois passer les bornes de l'expression ; ses détracteurs faisant un continuel usage de ce reproche, il finit par vouloir se régler : dans l'intervalle de ce passage, entre le premier instinct de son talent et le degré sublime où il parvint ensuite, il cessa d'être aussi véhément, sans avoir atteint encore cette profondeur imposante et tragique qui mit le comble à sa gloire. Ce fut dans l'instant de ce mouvement orageux entre lui débutant et lui grand homme, que l'on donna la nouveauté de *Gengis-Kan,* dans laquelle il n'atteignait pas le succès qu'obtenait Mlle Clairon jouant Idamé ; elle défendait dans ce personnage l'orphelin, avec un tel orgueil, elle traitait son vainqueur avec une telle audace, nous dirions peut-être avec une telle arrogance, qu'elle rapetissait le héros de la pièce; ou bien Lekain, comme nous l'avons dit, se ressentait-il de l'abandon de ses premiers moyens de succès, avant d'être parvenu à en acquérir de supérieurs? toujours est-il que, sur la remarque d'un de ses camarades, son ami, qu'il se laissait écraser dans ce rôle, contre le vœu des caractères et de la situation :

4

« Que veux-tu ? lui répondit Lekain, Mlle Clai-
« ron joue Gengis, il faut bien que je joue
« Idamé. »

Le succès des personnages ainsi déplacé,
celui de la pièce en souffrait un peu, ce qui
doit prémunir tout artiste du théâtre, et principalement dans les nouveautés, contre l'ambition de tirer à soi au-delà des bornes que
lui prescrivent, ou les convenances du sexe,
ou celles de la situation.

Il est probable pourtant que Lekain se dis-
simulait à lui-même sa propre faiblesse dans
ce rôle, et nous pouvons en juger par le récit
modeste, et d'un grand homme, qu'il fait à
son ami, M. de ***, dans sa lettre, page 326
de ses Mémoires, du mécontentement, de la
fureur où entra contre lui M. de Voltaire, en
le lui entendant répéter ; et peut-être cette
faiblesse d'exécution, parvenue à Ferney,
avait-elle été le motif secret du voyage de
Lekain, préparé à son insu.

Je regrette d'avoir été absent de Paris à
l'époque de son retour de Ferney, où il dut
être aussi intéressant pour le public, que pro-
fitable pour l'art, de voir Lekain réformé,
enrichi des nouvelles lumières de son maître,
venir enfin disputer le terrain à l'étonnante

hardiesse qu'employait Mlle Clairon à défendre son souverain, contre la puissance d'un vainqueur farouche et passionné.

Il paraît que ce voyage à Ferney avait ouvert à Lekain une nouvelle route vers la gloire, dans laquelle il marcha encore d'un pas trop précipité, mais, qu'à la longue il parcourut avec l'assurance et le calme d'un homme sûr d'arriver.

Ce qu'il avait gagné dans *Gengis-Kan*, de profondeur, d'à-plomb, de faste tragique, lui parut applicable à beaucoup d'autres rôles, ou peut-être fut-il averti par l'instinct de ses propres facultés, que l'âge des folies au théâtre était passé pour lui ; profitant du poids, de la profondeur d'affections que la nature lui avait donnés, il ne voulut plus peindre qu'à grands traits. Néron, Vendôme, Mahomet, Ladislas et beaucoup d'autres, prirent dès lors en lui la teinte de cette largeur d'exécution qui le faisait s'emparer de la scène entière.

Orosmane fut un de ses derniers rôles dans lequel il employa le plus de cette magie tragique qui, représentant cependant des passions communes à tous les hommes, prend, en ce genre, une explosion, un faste au-dessus du vulgaire.

Vers sa jeunesse, encore plein du reproche fait à Voltaire par les partisans de Racine, d'avoir mis dans un despote ottoman un amour à la française, quand Racine, au contraire, leur paraissait avoir si scrupuleusement peint les localités, les mœurs et les usages dans *Britannicus,* où l'on se croit à Rome, et dans *Bajazet,* où l'on se croit à Byzance, Lekain, occupé du devoir de soustraire Voltaire à ce reproche, ne se mettait point aux genoux de Zaïre, au moment de la surprise et de l'enivrement de ses sens à la trouver en larmes ; il eût cru trop donner lieu à cette critique, en cédant à un usage français inconnu dans ces climats.

Il croyait encore donner une teinte plus asiatique à l'arrivée d'Orosmane, au quatrième acte, en regardant Zaïre, non fixement, mais en la regardant pour lui adresser ces vers

> Madame, il fut un temps où mon âme charmée....
> Allez, jamais mes yeux ne reverront vos charmes....

Ces regards jetés sur Zaïre attachaient de plus près le sentiment dans lequel il revient vers elle, à ce superbe couplet qui termine le troisième acte ; ce couplet, tracé à la manière de Bajazet, où Orosmane, se rappelant à sa dignité et aux mœurs du sérail, dit :

Mais il est trop honteux de craindre une maîtresse;
Aux mœurs de l'occident laissons cette bassesse.
Ce sexe dangereux qui veut tout asservir,
S'il règne dans l'Europe, ici doit obéir.

Lekain avait senti que c'est dans ce même sentiment qu'Orosmane revient au quatrième acte, et qu'il ne s'y introduit de différence que celle qu'y insinue la présence de l'objet adoré, par laquelle on voit l'orgueil ottoman s'affaiblir à mesure qu'il s'exprime.

Rattacher ce commencement de scène du quatrième acte à la fin du troisième avait paru à Lekain un devoir dans l'ordre des passions, un devoir dans l'ordre des idées, un devoir dans l'intention créatrice; et, livré au soin de colorier d'une manière locale l'amour du sultan, ces devoirs lui auraient semblé tous méconnus, s'il l'eût montré assez faible pour n'oser la regarder, observant que c'est Zaïre qui se détourne, se lamente dans le silence, et succombe à sa douleur en tombant sur le siége qui se trouve derrière elle ; ce qui, aperçu par Orosmane, cause si rapidement sa surprise, sa joie, et l'arrache entièrement à ses résolutions, à son orgueil, pour le livrer

entièrement aux douces ivresses d'un amour
qu'elle partage.

Ce zèle légitime de Lekain pour affranchir
Voltaire du reproche que lui faisait ses détracteurs, une fois mis en usage, il jouait Orosmane comme le joue la jeunesse qui se croit
quitte envers le talent, quand elle a montré
dans ce rôle beaucoup de cette passion amoureuse et facile à sentir, et si voisine des affections du jeune âge. Ce ne fut qu'après son
retour de Ferney, qu'on le vit rester calme
comme un despote puissant et fortement passionné, à la proposition que lui fait Nérestan
de racheter Zaïre et dix prisonniers français.
Ce ne fut qu'après ce retour, qu'on le vit
prendre ce temps long et superbe qu'il rem-
plissait si richement dans sa réponse à cette
proposition, où, après avoir dit :

Pour Zaïre....

il jetait un long regard doucement amoureux
sur cet objet idolâtré qui vient de lui révéler
avec pudeur et naïveté le secret de son
amour ; ce regard, où l'amant semblait se
plaire un instant à contempler la beauté de
celle qu'on lui proposait d'enlever à sa tendresse, paraissait être destiné par lui à la ras-

surer; un sourire de pitié ou d'indignation lui échappait à la pensée de cette audacieuse demande, et alors il continuait dans le calme de son faste souverain, mais avec des nerfs sensiblement devinés, et tressaillant d'amour, d'ivresse et de puissance, à mettre sur pied tout l'empire ottoman, plutôt que de se la laisser ravir, et terminait dans ce sentiment :

> Crois-moi, sans que ton cœur s'offense,
> Elle n'est pas d'un prix qui soit en ta puissance.

Ce sont là de ces beautés d'exécution aussi difficiles à définir que dangereuses à imiter; il faut, je crois, les avoir conçues le premier pour les rendre, ou plutôt ces sortes de traits sont locaux dans chaque acteur; et ce serait peut-être deux vers plus tôt ou deux vers plus tard que tel autre fixerait l'attention du public. Et qu'importe, si cette autre création était également vraie, tirée du fonds, et résultait aussi du sentiment, gouverné par le caractère et les convenances locales? mais on avouera que tout acteur tragique qui, comme Lekain, placerait dans toute l'étendue d'un personnage beaucoup de ces grands traits, de ces grands aperçus, à la manière de celui que je viens de citer, serait, comme lui, un homme digne d'une éternelle mémoire.

Je ne passerai pas non plus sous silence la
valeur effrayante qu'il donnait au second
hémistiche de ce vers :

Je ne suis point jaloux.... Si je l'étais jamais !

Palissot n'a pu se dispenser de l'honorer
d'une note : « Tout le caractère d'Orosmane
est tracé, dit-il, dans ce beau vers. Un grand
acteur, tel que Lekain, y faisait entrevoir
toute la tragédie. » Il fut généralement con-
venu dans le temps, que ce mot terrible, *si
je l'étais jamais!* exprimé par Lekain, posait
pour la suite un intérêt d'autant plus fort,
qu'il faisait frémir et craindre tous les excès de
la violente jalousie ; de cet hémistiche qui
n'avait peut-être rien coûté à Voltaire, Lekain faisait une racine profonde à l'avantage
du moment où l'esclave apporte à Orosmane
le billet de Nérestan adressé à Zaïre.

Après avoir ainsi parlé de la grâce de ses
mouvemens, de son à-plomb, de la régularité
de ses pauses, du choix heureux de ses déchirantes inflexions dans les momens passionnés,
de son regard expressif, de la richesse de son
jeu muet, de la justesse, de la profondeur de
ses aperçus tragiques, de sa forte énergie enfin
dans la grande action, il semble qu'il me reste

à donner une idée de ce qu'était chez lui ce qu'on appelle la diction, c'est-à-dire la sorte de naturel, propre à chaque acteur, qu'il emploie à dire le dialogue, et qui est homogène en lui.

Sa diction était lourde, et s'éloignait par là de la liberté courante du parler de la comédie dans les personnages nobles. On voit par cette expression que je ne comprends ici dans ma remarque que ce qui peut s'appliquer au détail au milieu de l'action. Arrivé à cette action, il résultait de sa pesanteur une forte couleur, une forte énergie; mais dans le détail, qui, pour ainsi dire, sert d'exposition à la peinture de nos passions, il est dans la nature de le débiter; c'est, dans l'entente de l'art du théâtre, çe qui compose les nuances; et Lekain, profondément tragique, eût pu paraître monotone, si, après s'être appesanti sur le détail, il n'eût été en fonds pour donner à ce qui était action une force d'expression telle, qu'elle outrepassait encore son attention trop soignée pour le détail. Il est dit dans son éloge du *Mercure* de 1778 : « Jamais il ne se permit « de négliger les détails pour faire valoir une « situation forte de son rôle. » On dit vrai; mais c'était une vérité sans être un éloge; il

eût été utile au maintien de l'art de ne le
point louer sur un léger défaut auquel on a
dû tant de beautés, mais qui, placé dans un
autre, produirait le plus grand des vices théâ-
trals, la monotonie d'action. L'acteur qui
s'emploierait également à parer le détail
comme l'action, s'il n'avait pas les ressources
énergiques de Lekain, produirait nécessairement dans le cours d'un rôle, la satiété du
faste et l'ennui du beau. Dire que la discrétion
et le tact du bon goût dans le débit des choses
de détail, ne sont pas de première nécessité en
diction tragique, serait une erreur; mais la
nuance est si délicate entre la pompe qui convient à la tragédie et le parler noble de la comédie, qu'il faut une réserve bien attentive
pour ne pas tomber dans le familier que réprouve la tragédie, ou dans le faste exagéré
que réprouve le parler de la comédie noble qui
convient au détail dans la tragédie.

Ce fut cette diction trop pesante, née en
Lekain, de son naturel profond et réfléchi,
qui s'opposa à ses progrès dans la comédie,
pour laquelle d'ailleurs il ne se sentait nul
goût, et qu'il ne joua que par devoir (1); ce

(1) Tout acteur devait alors servir la société dans
les deux genres.

fut aussi ce qui excita grandement la curiosité
et l'intérêt de nos amateurs de la scène française, lors du début d'Aufresne. Celui-ci avait
pris pour objet de son travail, de ramener
tout au simple, qu'il appelait la vérité (oui,
la vérité du parler, mais non celle de l'action);
quand Lekain, au contraire, avait pris pour
objet du sien de donner tout au faste du
genre. Ce contraste excitait la plus vive impatience de les voir l'un près de l'autre; on
les vit enfin. Ce rapprochement, comme on
le pense, ne fut pas à l'avantage d'Aufresne;
on préféra Lekain, enrichissant les riens, à
Aufresne, appauvrissant les superbes masses
d'action tracées par nos grands hommes; Lekain resta avec son superbe défaut, et Aufresne emporta l'estime qu'on accorde toujours à un talent, de genre si l'on veut, mais
à un talent original, dirigé par le malheur
d'une opinion bizarre, sur un art où le point
juste et si difficile à saisir, mais qu'Aufresne
du moins professait avec connaissance de
cause; à un talent qui, au travers de ses torts
d'action, laissait échapper dans le détail de ces
traits d'une vérité heureuse, qu'il eût été si
beau à lui d'amalgamer avec la pompe du
genre; à un talent qui produisait le plus grand

enthousiasme chez nos amateurs de la diction
raisonnée; de sorte que si l'on eût fondu dans
un creuset Lekain et Aufresne, on eût fait
Baron ou Melpomène, avec cette remarque
que Lekain y eût fourni bien plus de matière
tragique qu'Aufresne encore n'y eût mis de
vérité noble et imposante.

De l'estime que Garrick, contemporain de
Lekain, avait pour son talent, il était résulté
entre ces deux grands artistes une amitié
personnelle qui avait pris naissance de ce que
Lekain, au temps de l'affaire du *Siége de Calais*, avait été avec un de ses camarades lui
demander asile contre le ressentiment du ma-
réchal de Richelieu. (1)

Sa captivité, à cette occasion, ce dernier
trait du despotisme qu'il haïssait, auquel il
avait résisté toute sa vie, et qui confondait
Garrick d'étonnement, avertit Lekain du devoir de veiller à sa fortune, pour s'y soustraire le plus tôt possible; mais la mort vint
l'enlever à la sagesse de ce projet, à l'admira-

----

(1) Je prends ici l'engagement d'écrire quelque
jour cette affaire du *Siége de Calais*, dont je parlerai
comme compagnon de Lekain dans sa fuite, et comme
témoin oculaire.

tion, aux transports du public, au moment
où il allait jouir, dans la retraite, du fruit de
ses talens et de ses travaux.

Par une de ces fatalités que le hasard ar-
range, ce fut le jour même où Lekain fût in-
humé, que Voltaire arriva à Paris, après tant
d'années d'absence, pour jouir de toute la
gloire qu'il avait accumulée sur lui ; de sorte
que Lekain ne put ni employer son zèle pour
son bienfaiteur, ni mêler sa voix aux acclamations qu'excita sa présence.

LA MATINÉE

DU

COMÉDIEN DE PERSÉPOLIS,

PROVERBE EN UN ACTE ET EN PROSE.

AVERTISSEMENT.

CE n'est pas une pièce de théâtre que l'auteur donne au public ; c'est à peu près la peinture de l'emploi que les comédiens faisaient autrefois de leur temps. Actuellement que tout est changé, ces messieurs ne peuvent voir de satire dans cette petite pièce : au contraire, s'ils comparent leur conduite présente avec celle qu'on a tâché de décrire ici, ils s'apercevront subitement que c'est un éloge indirect qu'un homme délicat a voulu leur ménager.

PERSONNAGES.

BELVAL, comédien.
SOPHIE, comédienne.
LE COMTE DE MOEURSEVILLE.
LAFLEUR, valet de Belval.

La scène se passe dans le bel appartement de Belval.

LA MATINÉE

DU

COMÉDIEN DE PERSÉPOLIS,

PROVERBE.

SCÈNE PREMIÈRE.

BELVAL, *seul.*

BELVAL, *en robe de chambre superbe, se regardant dans sa glace.*

Ma foi, de telle manière que je me mette, je suis toujours bien. C'est une folie pourtant que cette robe de chambre; mais il serait si ridicule d'être surpris sans une certaine élégance.... Elle me va très bien; mes cheveux, quoique retroussés, flottent avec grâce, le col agréable, du linge fin, parfumé délicieusement, bien chaussé : qu'une femme vous surprenne dans cet état, elle n'y tient pas. Sophie vient déjeuner avec moi; je veux qu'elle s'en aille subjuguée. C'est une petite écervelée qui ne croit pas à ces goûts subits et charmans qui ont fait les délices de nos femmes ai-

mables. Nous verrons.... Ah çà, récapitulons
ma journée. Premièrement, Sophie, tout à
l'heure, dans l'instant; midi, rendez-vous chez
M. le duc de Volnay, ensuite dîner chez ce
prince étranger; à quatre heures et demie, je
m'évade et coure dans ma loge m'écraser la
tête de mon rôle dans cette pièce nouvelle.
C'est le déplaisant. Pourquoi ne pas s'en tenir
à ce que nous avons? Ce n'est pas ma faute; je
fais tout ce que je puis pour faire renoncer aux
nouveautés. Mais mes camarades se laissent
entraîner, et moi, je suis la victime de ces
complaisances malentendues. Ce qu'il y a de
cruel, c'est que ne pouvant mal jouer, je soutiens seul l'ouvrage auquel je donne un mérite
dont le pauvre auteur ne s'était pas douté....
J'entends du bruit; c'est ma belle et mutine
Sophie : ne songeons qu'au plaisir de la voir.

SCÈNE II.

SOPHIE, BELVAL.

SOPHIE.

En vérité, Belval, il faut que je sois la complaisance même pour venir chez vous au
milieu du tonnerre et des éclairs, par le
temps le plus affreux.

BELVAL.

A voir vos célestes appas, on a dû vous prendre pour une immortelle qui marche, suivie du brillant cortége de la divinité.

SOPHIE.

Oh ! trève de galanterie !

BELVAL.

Non, regardez-vous ; et ne me croyez pas assez simple pour louer une femme quand elle ne le mérite pas.

SOPHIE.

Ah !... savez-vous que vous me ferez tourner la tête, si vous continuez ?

BELVAL.

J'aimerais bien autant vous la voir perdre.

SOPHIE.

Vous êtes logé avec une magnificence !

BELVAL.

Assez bien ; mais il faut que je quitte malgré moi cet appartement.

SOPHIE.

Pourquoi donc ? Il est peut-être trop cher.

BELVAL.

Non, je n'en ai que pour cent louis ; mais je n'ai pas de salon d'été, de cabinet de bains, ni de boudoir.

SOPHIE.

Ni de boudoir ? Oh ! il faut avoir un boudoir.

BELVAL.

Vous m'excuserez donc de ne pouvoir vous
en présenter un.

SOPHIE, *étonnée*.

Pour moi, il n'en faut pas, Belval. Ah ! nous
n'en sommes pas encore là. Je vois bien que
vous voulez me mettre dans la longue liste de
vos conquêtes ; mais, mon cher ami, je ne
succomberai pas. Élégance, propos aimables,
figure intéressante ; vous avez tout, j'en con-
viens ; et moi, je suis insensible. Voilà bien
des choses perdues, n'est-ce pas ?

BELVAL.

Comment ! vous me supposez des apprêts ?
Non, je vous jure, mon cœur n'a pas de dé-
tours. Jugez par d'autres : est-il un seul homme
qui, vous possédant, comme moi, en tête-à-
tête, ne soit tombé à vos pieds ?

SOPHIE, *avec fierté*.

Je ne l'ai jamais souffert. Et où prenez-
vous, monsieur, que ce soit un tête-à-tête
que je vous accorde ?...

BELVAL.

Ah ! Sophie, ne m'accablez pas de votre
disgrâce.

SOPHIE.

Eh bien ! quittez donc ce ton déjà conqué-
rant que vous prenez avec moi.

BELVAL.

Quel petit démon de vertu ! En vérité,
Sophie, je vous croyais plus de conduite ; une
femme charmante, belle comme vous l'êtes...
Ah ! profitez de vos beaux jours.

SOPHIE.

Vous verrez que je passerai mes beaux jours
à aimer monsieur ! Cela serait fort réjouissant !
Non, je vous le répète, laissons à nos tragédies cet amour romanesque. Je n'y crois pas,
et n'y croirai de ma vie ; tenez-vous-le pour
dit.

BELVAL.

Non ; vous reviendrez de cette erreur, et
vous verrez qu'un jour....

SOPHIE.

Encore ! Ah ! vous m'impatientez. Brisons
là-dessus, ou je pars.

BELVAL.

Ah ! trop charmante incrédule ! Allons,
soit, je me tais.

SOPHIE.

Oui, parlons de choses plus sérieuses.

BELVAL.

Heureuse tranquillité ! vous faites de l'amour un joujou. (*Voyant que Sophie paraît vouloir se lever.*) Parlons donc de choses sérieuses avec vous, Sophie.

SOPHIE.

Vous partez dans quinze jours pour Bordeaux ?

BELVAL.

Oui, j'ai obtenu trois mois de vacances.

SOPHIE.

Eh bien ! j'ai la même permission.

BELVAL.

O ciel ! est-il possible ? ma belle amie : nous ferons route ensemble. Que de triomphes nous allons avoir ! que de joie nous allons répandre ! que d'argent nous gagnerons, réunis ! Vous ne pouvez douter avec combien de plaisir je me prêterai à tous vos désirs. Quand je suis avec vous, je suis toujours sûr de plaire. O Sophie ! que mon sort est heureux !

SOPHIE.

Par exemple, ce que vous me dites là n'est pas une fadeur : c'est senti, et je vous en tiendrai bon compte.

BELVAL.

Si j'étais assez fortuné pour parvenir....

Mais comment, mon bel ange, avez-vous pu obtenir ?...

SOPHIE.

Prétexte de santé. Vous savez, il y a trois jours, que nous nous quittâmes à sept heures du matin, après avoir passé la nuit à faire mille folies. Le soir je ne pus jouer ; ce qui hâta par hasard le début de cette nouvelle actrice, qui, je vous réponds, n'eût point paru devant six semaines. Vous me trouvâtes la physionomie d'une langueur assez intéressante : ma glace me dit que vous aviez raison. Je fis mettre sur-le-champ mes chevaux à la voiture. La crainte de ne pas réussir ajouta à ma pâleur. On me plaignit ; mais je revins vive, animée ; car j'obtins ce que je demandai.

BELVAL.

Que peut-on vous refuser ? Vous conviendrez que le spectacle sera fort ennuyeux pendant votre absence.

SOPHIE.

Ah ! dites pendant la nôtre, monsieur Belval ; je suis juste.

BELVAL.

Julie doit être au désespoir.

SOPHIE.

Elle ne le sait pas encore ; j'aurai le plaisir de lui dire ce soir.

BELVAL.

Vous jouez, sans doute?

SOPHIE.

Non, sûrement. On ne me verra qu'après mon retour; c'est le seul moyen de se faire désirer.

BELVAL.

C'est une assez bonne méthode; il y a déjà quelque temps que vous vous en servez; car cette année-ci....

SOPHIE.

Cette année.... mais j'ai joué dix à douze fois au moins.

BELVAL.

Cela est différent; aujourd'hui cependant je comptais bien sur vous. Je vous avertis que je serai d'un maussade.... prenez garde avec qui vous me laissez.... Il me vient une idée.

SOPHIE.

Quoi?

BELVAL.

Vous ne connaissez pas ma petite campagne.

SOPHIE.

Qui vous coûte tant d'argent.

BELVAL.

Précisément.

SOPHIE.

Non, je ne la connais pas.

BELVAL.

Eh bien! allons-y ce soir : c'est un bijou
dont vous serez enchanté.

SOPHIE.

Avec vous seul?

BELVAL.

Oui; vous me craignez si peu.

SOPHIE.

Soit; à condition que vous ne vous en van-
terez pas.

BELVAL.

Je vous le proteste.

SOPHIE.

Allons, j'y consens donc; je le veux bien.

BELVAL.

Que de grâces!

SOPHIE.

Ainsi vous ne jouerez pas non plus : Fier-
ville sera détestable dans votre rôle.

BELVAL.

Je l'imagine bien; mais vous ne sauriez
croire comme le pauvre garçon aime à se
faire siffler. Il n'en est que plus ferme : il
semble que cela le réjouit; il sera pour moi
d'une reconnaissance....

SOPHIE.

Vous avez vos fantaisies, j'ai les miennes aussi. J'ai celle d'aller voir comment nos doubles seront reçus, de voir la grosse humeur du public; cela sera très réjouissant.

BELVAL.

Mais notre partie.

SOPHIE.

Bon! ne croyez-vous pas que je me donne la douleur de voir toute la pièce; les trois premières scènes, à la bonne heure; dans le moment de la grosse crise, voilà tout.

BELVAL.

Mais si on nous voyait.

SOPHIE.

Eh! n'ai-je pas cette loge grillée qu'on me prête quand je veux? J'irai bien empaquetée; vous, le mouchoir sur les dents, chapeau détroussé, costume étranger.

BELVAL.

Vous êtes miraculeuse.

SOPHIE.

Pour qui donc ces préparatifs?

BELVAL.

Pour vous, pour votre déjeuner.

SOPHIE.

Tant pis, car je ne déjeunerai pas.

BELVAL.

Pourquoi donc?

SOPHIE.

Je prends les eaux de Vichy.

BELVAL.

Je ne vous savais pas malade. Depuis
quand?

SOPHIE.

Depuis quinze jours. Je retournais chez
moi avec assez de rapidité : ma voiture écrasa
le plus joli petit épagneul possible, tout pareil
à mon Bibi. Cette ressemblance, les cris de
douleur de ce charmant animal....

BELVAL.

Vous ont causé une révolution.

SOPHIE.

Oui, très violente.

BELVAL.

Ce sera donc pour le premier survenant.
Voici justement Lafleur qui vient annoncer
quelqu'un. Qui est-ce, Lafleur?

SCÈNE III.

LAFLEUR, BELVAL, SOPHIE.

LAFLEUR.

C'est un monsieur qui revient au moins
pour la sixième fois.

BELVAL.

Le connais-tu ?

LAFLEUR.

Non, monsieur.

BELVAL.

Eh bien ! dis-lui que j'y suis. Non, non, que je n'y suis pas.

SOPHIE.

Il faut croire qu'il ne vient pas inutilement.

BELVAL.

Ah ! si vous plaidez pour lui, vous obtiendrez tout. (*A Lafleur*) A-t-il paru s'impatienter dans les différentes fois ?

LAFLEUR.

Il a toujours été d'une patience comme monsieur l'exige ; il s'en est allé bien souvent sachant que vous y étiez, sans marquer la moindre humeur.

BELVAL.

A la bonne heure.... Fais-le entrer.

LAFLEUR.

Oui, monsieur.

BELVAL.

A propos, écoute ; quelle tournure a-t-il ?

LAFLEUR.

Il n'en a pas.

BELVAL.

Il ne t'a pas dit son nom?

LAFLEUR.

Non, monsieur.

SOPHIE.

Il faut croire qu'il en a un.

LAFLEUR.

Mais, monsieur, oserais-je vous prier de le recevoir dans votre antichambre?

BELVAL.

Pourquoi?

LAFLEUR.

Ah! c'est qu'il est si crotté!...

BELVAL, *riant.*

Là¹, bien crotté?

LAFLEUR, *riant aussi.*

Il est venu à pied par le temps qu'il fait.

BELVAL.

(*A part.*) Ah! c'est un auteur. (*Haut, à Lafleur.*) Qu'importe; fais ce que je te dis. (*Bas, à Sophie.*) C'est à cause de cela qu'il faut le recevoir. (*Lafleur sort.*)

SOPHIE.

Vous êtes un peu méchant. Voyez quelle comparaison ce pauvre malheureux sera obligé de faire.

BELVAL.

Bon ! il fera une satire, c'est dans l'ordre;
chacun son rôle... Mais le voici; taisons-nous.

SCÈNE IV.

LE COMTE DE MOEURSEVILLE, SOPHIE, BELVAL.

BELVAL.

Voila plusieurs fois, monsieur, que vous
m'avez fait l'honneur de venir chez moi. Je
suis désespéré de ne m'y être point trouvé.
Pourrais-je savoir à quoi je puis vous être
utile ?

LE COMTE.

Différens billets que je vous ai laissés ont pu
vous rappeler que vous avez daigné me promettre vos soins pour une pièce que je vous
ai remise il y a à peu près trois mois.

BELVAL.

Une pièce.... Ah ! pardonnez-moi... Vous
l'appelez.

LE COMTE.

L'Oubli de soi-même.

BELVAL.

Daignez donc vous seoir; je ne faisais pas
attention....

SOPHIE.

C'est un caractère qui promet.

LE COMTE.

Oui, Madame; on ne manque pas d'originaux.

BELVAL.

Oui, je crois que je l'ai lue.... Je m'en souviens très bien. Mais, je vous l'avouerai franchement, elle ne nous convient pas. Ce n'est pas qu'elle ne soit bien écrite; au contraire, elle montre aussi que vous avez infiniment d'esprit; mais le sujet de morale....

LE COMTE.

Déplaît.

BELVAL.

Eh bien! je ne vous le cache pas.

LE COMTE.

Je l'ai toujours craint.

BELVAL.

Ne m'en voulez pas de ma franchise.

LE COMTE.

Je l'ai toujours trop estimée pour qu'elle me fît quelque peine.

BELVAL.

Cette résignation annonce des talens peu communs. Exercez-les, Monsieur, sur un

6

autre sujet, et vous verrez avec combien de zèle je m'emploierai.

LE COMTE.

Ah! combien de reconnaissance! Je vous quitte, Monsieur, et ne veux point abuser de vos momens.

BELVAL.

Quoi! par un temps aussi mauvais !

LE COMTE.

Je le prends comme il vient, et sais me faire à tout.

BELVAL, *en sonnant.*

Ah! je ne souffrirai pas que vous vous en retourniez à pied : mes chevaux sont à ma voiture, daignez les accepter.

LE COMTE.

Mille obligations, Monsieur; je ne puis ni ne dois accepter ces offres obligeantes.

SCÈNE V.

LE COMTE DE MOEURSEVILLE, BELVAL, SOPHIE, LAFLEUR.

LAFLEUR.

Monsieur a sonné?

BELVAL, *à Lafleur.*

Monsieur veut bien prendre ma voiture.

LE COMTE.

En vérité, Monsieur....

BELVAL.

Daignez ne pas me refuser....

LE COMTE.

J'accepte donc, puisque vous le voulez, et sors pénétré de tout ce que vous faites pour moi. Adieu, Monsieur. Madame, je vous présente mon respect.

(Sophie fait une révérence à la mode, c'est-à-dire fait un encensoir de ses reins.)

SCÈNE VI.

BELVAL, SOPHIE.

BELVAL.

Est-il sorti donc? Oui. Il doit être furieux; il va sécher de jalousie.

SOPHIE.

Ah ! je serais curieuse de voir la mine qu'il fait maintenant dans votre équipage.

BELVAL.

La mine qu'il fait dans mon équipage! Ah! Lafleur m'en rendra bon compte. Fiez-vous à lui, il est bon peintre; il a le mérite de la description.

SOPHIE.

A propos, avez-vous remarqué qu'à travers la simplicité de sa mise, il a un certain
air d'assurance, et qu'il est d'une figure assez
distinguée ?

BELVAL, *malignement.*

Comment! vous avez fait cette remarque ?
(*D'un air de dédain.*) Oui, oui, il est assez
bien, pas mal.

SOPHIE.

Mais le connaissez-vous un peu, ce monsieur l'auteur ?

BELVAL.

Ma foi non, pas plus que son ouvrage.

SOPHIE.

Comment! vous ne l'auriez pas lu ?

BELVAL.

Ah! je vous le proteste; je l'ai jeté avec
une vingtaine d'autres qui ont eu le même
sort.

SOPHIE.

Ah! ah! ah! rien n'est plus plaisant, en
vérité. Comment! ces conseils, cet air de persuasion avec lequel vous l'engagiez ?...

BELVAL.

Il fallait bien dire quelque chose. Je me
rappelle qu'il y a trois mois, le jour de cette

pièce où nous fûmes l'un et l'autre tant applaudis, je fus entouré après le spectacle
d'une trentaine de personnes qui venaient
me réitérer les remercîmens du plaisir que je
leur avais fait éprouver. Dans le nombre était
ce monsieur, qui me suivit jusqu'à ma loge.
Il m'accabla de nouveaux complimens, que je
fis semblant de ne pas entendre, parce que je
voulais être tranquille; enfin il me remit cette
pièce en question, que je fus obligé de prendre.
Je lui promis ce qu'il voulut; mais d'honneur
je n'y ai plus pensé. Lafleur m'a dit qu'il était
déjà venu plusieurs fois, et ce n'est que d'aujourd'hui que j'ai consenti à le recevoir; encore en connaissez-vous le motif?

SOPHIE, *devenant subitement sérieuse.*
Oui, j'en suis édifiée.

BELVAL.
Mais vos beaux yeux se rembrunissent.
Quoi! une plaisanterie qui, dans le fait, nous
délivre d'un mauvais ouvrage.....

SOPHIE.
Mauvais! Il fallait le lire au moins.

BELVAL.
Ah! je m'aperçois de ce que c'est. Vous lui
trouvez des qualités que je n'ai pas aperçues:
d'ailleurs, il est assez bien fait. Ah! Sophie!

sous mes yeux un nouveau penchant; convenez donc que c'est humiliant pour moi.

SOPHIE.

Ne vous guérirez-vous pas de ce persifflage ridicule ! Je vous répète que votre conduite envers ce monsieur est très leste, l'est beaucoup trop.

BELVAL.

Mais réfléchissez donc, ma belle amie, que s'il fallait lire tout ce qu'on nous présente, nous n'aurions pas le temps d'exister.

SOPHIE.

Quand on connaît l'homme pour un méchant auteur, c'est fort bien; mais quand vous ne pouvez savoir quel est son mérite, pourquoi donc le rebuter aussi durement? Je parirais qu'il se doute que vous n'avez pas lu sa pièce.

BELVAL.

Oh ! vous le faites bien pénétrant. Allons, faisons la paix; je vous promets de me faire rendre compte de cette production; j'entre dans vos raisons.... Oui, je conçois ce que vous me dites.

SOPHIE.

Ah ! Belval, Belval, votre conduite est bien légère, si elle n'est pas....

BELVAL.

En vérité, ce sont des vapeurs au moins que vous avez. Ne parlons plus de cela, Sophie, et pensons à notre voyage, où nous devons moissonner de l'or et des lauriers. Que cette idée-là vous réjouisse ; car, je vous l'avouerai, vingt mille francs ne me suffisent pas ; j'avais réellement besoin de ce congé pour arranger mes affaires ; cette campagne, ces meubles, ma voiture, et mille autres folies....

SOPHIE.

Il est vrai que l'argent me fond dans les mains, je ne sais comment ; une femme est pillée par tout le monde. Et puis, n'ai-je pas ma famille entière à nourrir ! Je suis bien loin de regretter cette dépense ; mais elle abuse un peu de ma complaisance. Que faire à cela ?

BELVAL.

Renvoyez-moi-la dans la province avec une petite pension, ou en leur faisant obtenir quelque place ; rien ne vous sera plus facile.

SOPHIE.

Vous avez raison. Je garderai seulement ma pauvre mère ; car je mourrais, je crois, de douleur d'en agir avec elle comme tant

d'autres femmes. Cette ingratitude, cet orgueil m'inspirent pour elles le mépris et la
haine la plus violente.

BELVAL.

Cœur excellent ! combien vous vous atta-
chez ceux qui vous connaissent à fond ! Mais
voici déjà Lafleur de retour.

SCÈNE VII et DERNIÈRE.

SOPHIE, BELVAL, LAFLEUR.

BELVAL.

Eh bien, Lafleur ! ce monsieur, l'as-tu conduit à son cinquième ?

LAFLEUR.

A son cinquième, Monsieur ? C'est, je
vous assure, quelqu'un de grande importance.

BELVAL.

Bon !

SOPHIE, *à Belval.*

Eh bien ! ne m'en étais-je pas douté ?

LAFLEUR.

D'ici à votre voiture, il m'a suivi en ricanant.

BELVAL, *avec hauteur.*

Comment, faquin, en ricanant ?

LAFLEUR.

Eh ! oui, Monsieur, je vous dis la vérité.

BELVAL, *du même ton.*

Ensuite.

LAFLEUR.

Arrivé à votre voiture, je lui en ai ouvert la portière, il l'a regardée avec admiration.

BELVAL.

Ah !

LAFLEUR, *à part.*

C'est-à-dire en haussant les épaules.

BELVAL.

Que dis-tu ?

LAFLEUR.

Ah ! rien, Monsieur.... Je toussais.

BELVAL.

Oui....

LAFLEUR.

Oui, Monsieur.

BELVAL.

Achève.

LAFLEUR.

Enfin il est monté, et s'est fait conduire à deux pas d'ici, dans un hôtel superbe; et la preuve qu'il en est le maître, c'est que le suisse est venu avec son baudrier lui remettre des lettres. Comme il m'a dit d'attendre, j'ai vu tout cela; ensuite il en a tiré une de sa poche, qu'il a ouverte, et à laquelle il a ajouté quelque chose, et m'ayant recommandé de vous la donner avec deux louis, qu'il m'a prié d'accepter, vous sentez, Monsieur, avec quel plaisir je m'acquitte de cette commission.

BELVAL.

Que peut-il me dire? Voyons. (*En ouvrant la lettre.*) Elle était écrite avant de se rendre chez moi....

SOPHIE.

Oui, c'est à quoi je réfléchis; je suis bien curieuse....

BELVAL.

Vous allez le savoir. (*Il lit.*) « Il semble, « Monsieur, que vous devriez vous défaire de « l'habitude d'offrir des services que secrète- « ment vous vous promettez de ne pas ren- « dre. » Ce n'est que du verbiage que tout cela; je l'acheverai dans un autre moment.

SOPHIE.

Non pas, s'il vous plaît; je veux l'entendre entièrement.

BELVAL.

Mais...,

SOPHIE.

Je le veux absolument.

BELVAL.

Vous le voulez; à la bonne heure. (*Il con-*

tinue.) « Ne me croyez pas votre dupe ; vous
« n'avez pas lu ma pièce. » Ah ! j'aime bien
qu'il doute.

SOPHIE.

Mais achevez.

BELVAL *continue.*

« Car je ne vous en ai point remis. C'est un
« cahier blanc sous enveloppe que vous avez
« reçu de moi. » (*Belval étonné.*)

SOPHIE.

Eh bien !... voyons, voyons la fin.

BELVAL.

Quoi ! je serais.... (*A Sophie, qui le presse
d'achever.*) Je continue : « J'ai voulu vérifier
« si les plaintes que j'ai entendu faire à un
« jeune homme de ma connaissance, avaient
« quelques fondemens. Vous devez croire que
« je n'ai pas besoin d'autres preuves que les
« conseils que vous avez bien voulu me don-
« ner ce matin, sur ce qui n'existe pas, pour
« être convaincu qu'il a raison.

« Comme ma lettre était écrite avant de me
« rendre chez vous, sachant à point nommé
« votre réception, et mon dessein étant de la
« laisser en sortant, je n'ajouterai que deux
« mots : Je vous remercie de votre voiture,
« qui est fort douce, et plus élégante qu'au-

« cune des miennes. Je vous dois cet aveu
« pour vous. prouver ma reconnaissance.

    « Le comte Moeurseville. »

O dieu ! c'est moi qui suis complétement
sa dupe. Ah ! Sophie, combien je suis piqué !
Son persifflage m'accable.

SOPHIE.

En vérité, Belval, on le serait à moins :
vous avez cru le jouer, et c'est lui qui s'est
donné ce plaisir.

BELVAL.

S'il allait répandre cette aventure, que je
serais humilié ! Un homme de son rang sera
cru. Oui, je ne sens que trop que ce caractère
léger auquel je me suis abandonné, conduit
insensiblement à la fatuité et à l'oubli de soi-
même ; et, je me le rappelle, c'est le reproche
qu'il m'a fait. Je veux désormais qu'on n'ait
plus à se plaindre de moi. Je profiterai de
mon congé, parce que je ne veux pas passer
pour inconséquent ; mais une fois de retour,
cabales, intrigues, jalousies, j'oublie tout pour
me livrer à mon état. Je n'abuserai pas de mes
talens pour accabler mes camarades, étant
bien convaincu que la modestie et la franchise
me procureront plus de satisfaction que les

défauts que je me reconnais ne m'ont donné
de plaisirs.

SOPHIE.

Votre exemple m'entraîne; ce retour sur
vous-même achève ma conquête; et réellement ne sentez-vous pas, Belval qu'il vaut
mieux la devoir au sentiment qu'à ce luxe
et à cette coquetterie ridicule qui n'auraient
pu me séduire?

BELVAL.

Oui, Sophie, oui, vous avez raison.

LAFLEUR.

Le voilà revenu à lui-même. Cela paraissait assez difficile. Vous voyez qu'il ne faut
jurer de rien.

RÉFLEXION.

Les auteurs ont eu bien souvent la bonhomie de se faire jouer par les comédiens. Quand
ceux-ci se joueraient un peu à leur tour, quel
mal y aurait-il? J'avoue que cela serait extrêmement édifiant.

LE COMÉDIEN,

OUVRAGE DIVISÉ EN DEUX PARTIES,

PAR M. REMOND DE SAINTE-ALBINE.

Les écrits des plus grands acteurs tragiques et comiques, dont se compose la *Collection des Mémoires
dramatiques*, offrent sur l'art théâtral des notions
et des aperçus généraux, auxquels les talens et la
propre expérience de ces acteurs donnent infiniment
de prix; mais aucun d'eux n'ayant écrit spécialement
sur l'art du comédien, les éditeurs ont cru devoir y
suppléer en réimprimant l'ouvrage très estimé de
Remond de Sainte-Albine, qui embrasse l'art théâtral
dans toutes ses parties, et les traite avec autant de
sagacité que de goût.

AVERTISSEMENT DE L'AUTEUR

SUR LA SECONDE ÉDITION.

La célérité du débit d'un livre prouve qu'il a réussi. Elle ne prouve pas qu'il soit digne de son succès. J'attribue principalement au bonheur que j'ai eu de saisir un sujet neuf, l'accueil favorable dont le public a daigné récompenser mon travail. On m'a su gré d'avoir osé le premier essayer de fixer la langue et la théorie d'un art dont on avait aussi peu défini les termes que développé les principes ; et en faveur de la hardiesse du projet, on m'a pardonné les fautes que j'ai pu commettre dans l'exécution.

Autant qu'il a dépendu de moi, j'ai corrigé dans cette seconde édition les endroits défectueux qu'on m'a fait apercevoir, ou que de moi-même j'ai remarqués dans la première. J'ai fait aussi plusieurs additions, et l'on verra à la fin de la seconde partie quatre nouveaux chapitres, dans lesquels je donne divers détails et quelques éclaircissemens qu'on m'a paru désirer.

Dès le commencement de l'ouvrage, on reconnaîtra un changement qui était nécessaire. Lorsque j'ai avancé qu'un comédien avait besoin d'esprit, je n'ai pas prétendu que sans cet avantage il ne pouvait se faire une réputation dans son art. Mes idées sur cet article demandaient d'être expliquées. J'ai tâché de les présenter plus distinctement en continuant ce-

7

pendant de soutenir que si les personnes de théâtre,
auxquelles on a reproché le défaut d'esprit, ont effectivement mérité tous les éloges qu'on leur a donnés,
elles étaient beaucoup plus spirituelles qu'on ne le
supposait.

Pour combattre mon opinion sur cette question de
fait, on me cite des actrices célèbres, entre autres
la demoiselle Chapmellé, que Racine et Despréaux
trouvaient une comédienne admirable, et à qui ils
n'accordaient que l'instinct et le sentiment. J'avais
négligé d'observer à cette occasion, que dans les âmes
extrêmement sensibles, le sentiment devient quelquefois esprit, et j'ai réparé cette omission. A l'égard des
louanges prodiguées à des personnes de théâtre, même
par des poètes dont la décision semble devoir imposer, je n'ai point dissimulé ma pensée dans un des
chapitres que j'ai ajoutés à mes remarques.

Il est inutile de détailler les autres corrections que
j'ai faites; et je dirai seulement un mot des additions. En analysant les règles de l'art du comédien,
je ne m'étais attaché qu'aux parties les plus nobles de
cet art. On a jugé que je devais parler de celles d'un
ordre inférieur, du moins des plus importantes. On a
exigé aussi que je répondisse à plusieurs objections.

Si j'avais suivi le conseil de quelques personnes, je
serais entré dans la discussion d'un grand nombre de
questions qui intéressent la perfection du spectacle.
Elles n'étaient point étrangères à mon sujet, mais
elles l'étaient au plan que me prescrivait la division
de mon ouvrage et par cette raison je me suis
abstenu de les examiner.

PRÉFACE.

Il est étonnant que personne n'ait fait à notre nation un présent qui lui convenait plus particulièrement qu'à toute autre. L'art de composer des pièces de théâtre a été porté dans ce royaume à un plus haut degré de perfection que partout ailleurs. On aurait dû naturellement y voir quelqu'un entreprendre de rédiger, d'une façon claire et méthodique, ce qu'on peut dire sur l'art de les représenter.

Un philosophe, en développant les secrets de cet art, non seulement n'avait pas à craindre de parler aux lecteurs une langue étrangère, mais était presque certain de leur offrir un ouvrage agréable. Si la tragédie et la comédie ont pris en France leur plus noble essor, les fictions dramatiques, surtout lorsqu'elles sont soutenues du jeu théâtral, sont aussi l'un

des amusemens les plus chéris des Français. Il n'était point douteux qu'ils ne
sussent gré des efforts qu'on ferait pour
rendre, en augmentant le nombre des
bons comédiens, la représentation de ces
fictions plus digne encore de plaire. Il
n'était pas douteux non plus que la curiosité ne fût excitée par le titre d'un livre
dont le sujet est riant par lui-même, et
fournit de l'exercice à l'imagination ainsi
qu'au raisonnement.

A la vérité, si l'agrément dont cette
matière est susceptible avait de quoi
tenter un auteur, la difficulté de la trai-
ter avec succès pouvait détourner de la
choisir. Pour répandre quelque lumière
dans la théorie d'un art de goût, il faut
soumettre au raisonnement et à l'analyse
diverses vérités qui semblent n'être que
du ressort du sentiment; il faut en con-
cilier plusieurs qui présentent en apparence des contradictions : il faut en même
temps distinguer des idées qui ne diffèrent que par de légères nuances, et faire

apercevoir ces nuances au lecteur le moins clairvoyant. C'est un projet hardi, que de faire le premier cet essai sur un art qui renferme autant de parties que l'art du comédien, et sur les principes duquel on est si peu d'accord.

Tout le monde convient que les acteurs, soit tragiques, soit comiques, ont besoin de plusieurs présens de la nature, mais l'unanimité cesse lorsqu'on descend dans l'énumération de ceux qui leur sont nécessaires. On est même souvent opposé dans des points à l'occasion desquels il ne devrait point y avoir de dispute, et tous les jours nous entendons dire qu'une qualité domine trop chez un comédien, tandis qu'il nous paraît en être absolument privé. Par rapport aux règles de l'art, on ne pense guère plus uniformément. Non seulement les uns rejettent des maximes que les autres donnent pour constantes, mais on n'attache pas les mêmes significations aux termes qu'on emploie.

Dans une telle diversité, l'auteur de cet
ouvrage tâchera de démêler la vérité de
l'erreur. Il n'a garde de prétendre toujours
y réussir, et peut-être, en y réussissant,
ne sera-t-il pas à l'abri des contradictions.
Sans doute même quelques personnes
traiteront de témérité sa hardiesse à parler d'un art qu'elles supposent ne devoir
point lui être familier. Il les priera d'observer que sur les arts qui puisent leurs
principes dans la nature et dans la raison,
tout homme sensible et raisonnable a
droit de hasarder ses conjectures. De
plus, il n'est pas difficile de prouver que
ses jugemens ont pour le moins autant
d'autorité que ceux des personnes qui
professent ces arts. Les décisions de
celles-ci doivent être suspectes, parce
qu'elles peuvent être intéressées. Quelque importante que soit une qualité, rarement un acteur, si elle ne se trouve pas
en lui, fera-t-il sentir la nécessité dont
elle est au théâtre. On ne doit donc pas
se mettre en peine que ceux qui écrivent

sur certains arts aient les talens convenables pour les exercer avec applaudis-
sement, mais seulement qu'ils aient les
lumières nécessaires pour en parler avec
connaissance.

Quand ils ne laisseraient rien à désirer
à cet égard, et quand on souscrirait à
toutes les vérités qu'ils avanceraient, con-
tenteraient-ils tous les lecteurs? Non sans
doute. Vous ennuyez les uns, si vous
n'égayez continuellement leur imagination. Vous blessez la gravité des autres,
si vous n'occupez sans cesse leur jugement.
Ceux-ci veulent que vous approfondissiez
tout ; ceux-là, que vous ne leur donniez
que la fleur de chaque matière.

Si dans ce livre l'auteur avait consulté
ses seuls intérêts, il ne se serait attaché
qu'à déduire d'une hypothèse quelques
réflexions fines et générales, et à créer
un ingénieux système, qui aurait pu servir de base aux règles de l'art, mais dans
lequel les artistes ne les auraient pas
aperçues. Il a consulté principalement

les intérêts des lecteurs, à l'instruction
desquels il destine cet ouvrage. Son intention a été, en attendant qu'il paraisse
sur l'art du comédien un traité tel qu'on
aurait droit de le désirer, d'aider les personnes qui veulent embrasser cette profession, à connaître si elles sont propres
au théâtre, et à découvrir quelques uns
des moyens par lesquels elles peuvent
espérer de s'y faire applaudir.

Pourvu qu'elles retirent quelque fruit
de son travail, il se consolera de plaire
moins à celles qui ne liront ceci que pour
leur amusement, et il s'estimera assez
heureux, si après avoir fait ce qui dépendait de lui pour donner aux acteurs novices un livre qui leur manquait, il ne
les voit pas continuer de se plaindre de
leur indigence sur cet article.

INTRODUCTION.

L<small>E</small> pouvoir de la peinture est fort étendu.
Avec son secours, il semble que des personnes
chères, séparées de nous, continuent de nous
être présentes : une triste solitude paraît devenir un séjour riant et peuplé ; nous croyons
que ce qui n'est plus recouvre l'existence, et
qu'elle est donnée à ce qui n'est pas encore :
les spectacles réservés pour différens peuples
passent successivement en revue devant nous.
Mais, quelque admirables que soient les ouvrages de cet art merveilleux, ce ne sont que
de simples apparences, et bientôt nous recon-
naissons qu'il nous offre des fantômes pour des
objets réels. En vain, la peinture se vante de
faire respirer la toile. Il ne sort de ses mains
que des productions inanimées. La poésie
dramatique fournit, au contraire, des idées
et des sentimens aux êtres qu'elle enfante, et,
à l'aide du jeu théâtral, elle leur prête la parole et l'action. Les yeux seuls sont séduits
par la peinture. Les prestiges du théâtre sub-
juguent les yeux, les oreilles, l'esprit et le
cœur. Le peintre ne peut que représenter les

événemens. Le comédien en quelque sorte les reproduit.

Son art est, par cette raison, un de ceux auxquels il appartient le plus de nous faire éprouver un plaisir complet. Notre imagination est presque toujours obligée de suppléer à l'impuissance des autres arts imitateurs de la nature. Celui du comédien n'exige de nous par lui-même aucun supplément, et quand l'illusion est imparfaite, ce n'est point par l'imperfection de l'art, c'est par les défauts ou par les fautes des personnes qui le professent.

Que leur principale attention, avant de s'exposer à notre censure, soit de considérer de quelle manière le sort les a traitées, de se juger avec la même sévérité qu'elles ont à craindre du public, et d'examiner si elles ne sont pas privées des dons naturels, sans lesquels elles ne peuvent plaire, même au commun des spectateurs. Possèdent-elles ces avantages? qu'elles s'efforcent d'acquérir les talens, sans lesquels elles ne peuvent plaire aux spectateurs qui ont du goût et du discernement.

Il faut que la nature ébauche le comédien; il faut que l'art achève de le former.

LE COMÉDIEN.

PREMIÈRE PARTIE.

DES PRINCIPAUX AVANTAGES QUE LES COMÉDIENS DOIVENT TENIR DE LA NATURE.

Entre les arts qui ne doivent être exercés que par des personnes douées de plusieurs avantages rares, il en est peu pour lesquels cette condition soit aussi essentielle que pour celui de jouer la tragédie ou la comédie. Les comédiens sont comptables à notre esprit de le tromper, et à notre cœur de l'émouvoir. Pour satisfaire à ces deux obligations, ils ont besoin que la nature les seconde d'une façon particulière.

Il importe principalement à notre plaisir que ceux d'entre eux qui jouent les rôles dominans, nous fassent illusion, et c'est surtout de leur part que nous attendons les mouvemens qui doivent nous agiter. Ces acteurs ont encore plus besoin que les autres d'être favorisés de la nature.

Dans l'examen des dons naturels, nécessaires en général à tous les comédiens, je
m'arrêterai seulement à diverses questions
qui jusqu'à présent n'ont pas été bien éclair-
cies. J'entrerai ensuite dans le détail des avantages nécessaires à quelques acteurs en particulier. On ne peut trop détourner d'une folle
entreprise ceux qui, n'étant point faits pour
remplir sur la scène les premiers emplois, ont
cependant cette ambition. Je destine à cet
objet le second Livre de cette première Partie.

LIVRE PREMIER,

Dans lequel l'auteur combat différens préjugés, et fait plusieurs remarques sur quelques uns des avantages nécessaires en général à tous les comédiens.

CHAPITRE I.

S'il est vrai que d'excellens acteurs aient manqué d'esprit.

C'est une opinion presque généralement établie, qu'on peut sans esprit se faire une réputation au théâtre; mais je n'en suis pas plus disposé à croire que des machines auxquelles l'usage des réflexions est inconnu, puissent exercer avec succès un des arts dans lesquels il importe le plus de réfléchir. Si l'on a de la peine à ne pas accorder de l'esprit à des gens qui se distinguent dans des arts purement mécaniques, comment disputera-t-on cet avantage à l'habile comédien? Peut-il ex-

celler dans sa profession, si un coup d'œil
juste ne lui fait apercevoir à tous les instans,
et toujours avec certitude, tout ce que demande de lui chacune de ses différentes positions, et s'il n'a pas ce sentiment fin des convenances, qui doit être la boussole des auteurs
et des-acteurs?

Il ne suffit pas qu'il saisisse toutes les beautés de détail de son rôle; il faut qu'il distingue la vraie manière dont chaque beauté
doit être rendue. Il ne suffit pas qu'il soit
capable de se passionner; on veut qu'il ne
se passionne qu'à propos, et dans le degré
qu'exigent les circonstances. Il ne suffit pas
que sa figure soit propre au théâtre, et que
son visage puisse exprimer; nous sommes mécontens pour peu que son expression ne s'accorde pas exactement et constamment avec
les mouvemens qu'il est obligé de nous faire
paraître.

Non seulement il est essentiel qu'il ne fasse
rien perdre aux discours de leur force ou de
leur délicatesse, mais il faut qu'il leur prête
toutes les grâces que la déclamation et l'action peuvent leur fournir. Il ne doit pas se
contenter de suivre fidèlement son auteur;
il faut qu'il l'aide et qu'il le soutienne. Il

faut qu'il devienne auteur lui-même (1) ; qu'il sache non seulement exprimer toutes les fiuesses d'un rôle, mais encore en ajouter de nouvelles ; non seulement exécuter, mais créer. Un regard, un geste, sont souvent un bon mot dans une comédie, ou un sentiment dans une tragédie. Souvent une inflexion, un silence placés avec art, ont fait la fortune d'un vers qui n'aurait point attiré l'attention s'il avait été débité par un acteur médiocre, ou par une actrice du commun.

L'art de ne se passionner qu'à propos, et dans le degré qu'exigent les circonstances, a pour le moins autant de difficultés que celui de faire valoir les discours. Un poète qui possède la science de maîtriser les âmes et de les modifier à son gré, emploie inutilement tous les ressorts dont cette science lui enseigne l'usage : lorsque les acteurs ne concourent pas avec lui à produire les effets qu'il veut opérer, il est exposé souvent au risque de voir les spectateurs rire de ce qui devrait faire couler leurs pleurs ou exciter leur admira-

---

(1) On sera convaincu de cette vérité lorsqu'on lira ce que je dirai, dans la seconde Partie de cet ouvrage, sur les fiuesses de l'art des comédiens.

tion. Peu de personnes sont en état de juger de la mesure d'esprit qui est nécessaire à un comédien pour ne prendre jamais le change sur le sentiment, pour ne point l'outrer et ne point l'affaiblir, pour remarquer les différens degrés par lesquels l'auteur veut faire passer le cœur et l'esprit des auditeurs, et passe lui-même d'un mouvement à un mouvement opposé.

Il est un coloris propre à la poésie, et qui, quoique fort différent de celui qu'emploie la peinture, est assujetti aux mêmes règles. On exige de l'une et de l'autre la même entente des teintes, le même discernement dans la distribution des clairs et des ombres, le même soin d'observer la dégradation de la lumière, le même talent d'éloigner ou de rapprocher les objets. Le comédien est peintre ainsi que le poète, et nous leur demandons comme au peintre cette ingénieuse théorie des nuances, dont la docte imposture par une détonation insensible conduit nos yeux du premier plan du tableau au plan le plus reculé. De même que le peintre souvent nous fait voir un très grand pays dans un très petit espace, le poète quelquefois dans un très petit nombre de vers prête à ses acteurs une

grande multitude d'impressions fort différentes. Mais l'un et l'autre s'appliquent à ne
point nous représenter comme voisines les
choses entre lesquels la nature a mis une extrême distance. Il est du devoir du comédien
d'avoir la même attention, et de ménager
habilement les passages par lesquels il fait
succéder une passion à une passion contraire.

L'acteur a besoin également de finesse et de
précision pour faire valoir les discours et
pour rendre les sentimens. Il n'en a pas moins
besoin pour observer les convenances qui doivent accompagner l'expression; pour composer non seulement sa physionomie, mais
encore tout son extérieur, selon le rang, l'âge
et le caractère de la personne qu'il représente,
et pour mesurer ses tons et son action à la situation dans laquelle il est placé.

L'esprit est donc aussi nécessaire au comédien que le pilote l'est à un vaisseau. C'est
l'esprit qui tient le gouvernail; c'est lui qui
dirige la manœuvre et qui indique et calcule
la route. L'habitude de naviguer peut quelquefois tenir lieu de la science du pilote aux
matelots. Une longue expérience du théâtre
peut quelquefois suppléer à l'intelligence dans
un acteur. Peut-être même aura-t-il reçu de

8

la nature d'autres qualités en un degré si émi-
nent, que, dans les momens où l'usage qu'il
en fera par instinct sera d'accord par hasard
avec les choses qu'il récitera, il nous forcera
de l'applaudir. Mais bientôt un contre-sens
dans le ton, dans le geste, dans l'expression
du visage, nous avertira que c'est à son organisation, et non à lui, que nous devons des
applaudissemens.

Plaignons les auteurs qui sont dans la nécessité de confier le sort de leur réputation à de
semblables automates, et félicitons ceux qui
ont le bonheur de ne voir leurs ouvrages joués
que par des comédiens capables de conserver
au beau tout son lustre, et de prêter de l'éclat
au médiocre. Félicitons surtout les auteurs
comiques dont les pièces sont soutenues par
le jeu délicat et raisonné d'un acteur savant
dans l'art de joindre le fin au naturel et le
noble au comique, et qui a porté plus loin
qu'aucun autre le talent de faire rire nos
petits-maîtres de leurs ridicules.

Selon les apparences, on ne reprochera
point le défaut d'esprit à cet acteur; et rarement voit-on les excellens comiques être soup-
çonnés de n'en point avoir. Il n'en est pas
de même des tragiques, et l'on ne peut dis-

convenir que plusieurs des plus célèbres
n'aient été accusés d'en manquer.

Si l'on avait de l'esprit une idée plus saine,
on ne leur aurait pas fait cette injustice. Ils
avaient sans doute peu de cet esprit qui, dans
certaines sociétés, procure le plus de réputation et qui en mérite le moins ; de cet esprit
destiné pour la montre plutôt que pour l'u-
sage, et qu'on peut comparer à ces arbres qui
portent beaucoup de fleurs, mais qui ne produisent point de fruits ; de cet esprit qui,
nous fournissant une vaine parure, et ne nous
servant de rien dans nos besoins, nous fait
briller dans les choses inutiles, et ne nous est
d'aucun secours dans celles où il nous importe
le plus de réussir.

En récompense, la nature doua les personnes dont il est question, d'une autre espèce
d'esprit qui s'annonce avec moins de faste,
mais qui nous conduit plus sûrement. Elles
ont eu assez de lumières pour connaître les
mystères les plus cachés de leur art ; elles ont
su tirer de cette connaissance tous les avantages qu'elles en pouvaient tirer, et par conséquent elles ont eu beaucoup d'esprit.

Cependant, comme je l'ai dit, on a prétendu qu'elles en manquaient, et l'on n'a fait

presque jamais le même reproche aux excellens comiques. D'où vient cette différence? Ne serait-ce point parce que les finesses du jeu des derniers sont plus de nature à être aperçues du commun des spectateurs que celles du jeu tragique? L'esprit dans la tragédie doit, chez l'acteur, ainsi que chez l'auteur, ne se montrer pour l'ordinaire que sous la forme du sentiment, et l'on a plus de peine à le reconnaître ainsi déguisé. Souvent même ceux qui peuvent le deviner sous ce masque ne s'en donnent pas la peine. Quand on va à la tragédie, c'est moins pour faire usage de son esprit que de son cœur. On s'abandonne aux mouvemens que le comédien excite. On n'examine point par quelle route il parvient à les faire naître. A la comédie, l'esprit est plus libre et plus en état de distinguer, des effets produits par l'art de l'auteur, ceux qui sont dus à la seule habileté du comédien.

CHAPITRE II.

Ce que c'est que le sentiment. *Cette qualité est-elle plus importante chez les acteurs tragiques que chez les comiques ?*

LES personnes qui sont nées tendres croient pouvoir, avec cette disposition, entreprendre de jouer la tragédie : celles dont le caractère est enjoué se flattent de réussir à jouer la comédie, et il est vrai que le don des pleurs chez quelques acteurs tragiques, et la gaîté chez les comiques, sont deux des plus grands avantages qu'on doive souhaiter. Mais ces avantages ne font qu'une partie de ceux dont l'idée est renfermée dans le mot de *sentiment*. La signification de ce mot a beaucoup plus d'étendue, et il désigne dans les comédiens la facilité de faire succéder dans leur âme les diverses passions dont l'homme est susceptible. Comme une cire molle, qui sous les doigts d'un savant artiste devient alternativement une Médée ou une Sapho, il faut que l'esprit et le cœur d'une personne de théâtre soient propres à recevoir toutes les modifications que l'auteur veut leur donner.

Si vous ne pouvez vous prêter à ces métamorphoses, ne vous hasardez point sur la
scène. Au théâtre, lorsqu'on n'éprouve pas
les mouvemens qu'on a dessein de faire paraître, on ne nous en présente qu'une imparfaite image, et l'art ne tient jamais lieu du
sentiment. Dès qu'un acteur manque de cette
qualité, tous les autres présens de la nature
et de l'étude sont perdus pour lui. Il est aussi
éloigné de son personnage que le masque
l'est du visage.

Le don de plier son âme à des impressions
contraires est nécessaire dans la tragédie.
Peut-être, contre le préjugé commun, l'est-il
encore plus dans la comédie.

La majesté de la tragédie ne lui permet de
nous occuper que d'actions éclatantes, et elle
est obligée d'user constamment des ressorts
qui sont le plus en possession de les produire.
Les principaux de ces ressorts sont l'amour,
la haine et l'ambition. Aussi les pièces tragiques ne nous offrent guère que de tendres
amans qui pour l'ordinaire arrosent de leurs
larmes le chemin par lequel ils doivent arriver au terme de leurs maux; de généreux
vengeurs qui cherchent à apaiser les mânes
de leurs parens, ou à rendre la liberté à leur

patrie, par la mort d'un meurtrier ou d'un
usurpateur; de célèbres criminels qui foulent
aux pieds les devoirs les plus saints, pour
monter sur un trône d'où bientôt ils seront
précipités à leur tour. Quelquefois seulement,
et de loin en loin, la tragédie nous tracera
l'image de l'amour maternel ou de l'amour
conjugal, certaine de nous intéresser pour le
premier, même avec de médiocres efforts,
mais ayant besoin de toutes les ressources de
son art pour faire goûter au Français volage
la peinture du second.

Non seulement la tragédie n'a qu'un certain nombre de passions favorites, mais celles
qui sont à son usage ont entre elles de la
conformité, parce qu'elles sont violentes et
tristes. Ses héros s'emportent ou se plaignent.
Ce sont des furieux qui ne respirent que le
sang, ou des malheureux qui gémissent sous
le poids de leurs infortunes et de celles des
personnes qui leur sont chères. Les uns et
les autres sont tourmentés continuellement
de leur courroux ou de leur affliction; de
l'impatience de voir leurs souhaits accomplis,
et du chagrin d'en voir l'exécution retardée
par de puissans obstacles. Si un poète tragique, suspendant pour un moment le trouble

et les sanglots, donne quelque relâche aux acteurs et aux spectateurs, ce n'est que pour les faire retomber bientôt dans un état plus cruel encore que celui d'où il les a tirés.

Toutes les passions sont au contraire du domaine de la comédie, et l'acteur comique ne peut passer que pour novice dans son art, lorsqu'il ne sait pas exprimer également les transports d'une joie folle et ceux d'un vif chagrin, la tendresse ridicule d'un vieillard amoureux et la sinistre colère d'un jaloux, la noble audace d'une âme courageuse et la timidité dégradante d'un cœur pusillanime, l'admiration stupide et l'orgueilleux dédain, les extravagances de l'amour-propre blessé ou satisfait, enfin tous les mouvemens qui peuvent nous agiter.

Ce n'est pas assez qu'il puisse emprunter l'image de toutes les passions, s'il n'a pas le don de passer rapidement de l'une à l'autre. Le devoir de la comédie étant de faire naître et d'entretenir la joie, et les poètes comiques sachant que l'uniformité en est la plus cruelle ennemie, ils sont attentifs à rendre leurs acteurs, dans le cours d'une même pièce, quelquefois dans le cours d'une même scène, le jouet d'une infinité d'impressions contraires, dont l'une chasse subitement l'autre, pour être chassée elle-même aussi subitement par une troisième.

Arnolphe dans *l'Ecole des Femmes* éprouve en un petit nombre de minutes tous les contrastes que peuvent produire en lui la curiosité de savoir ce qui intéresse son amour, et la crainte d'apprendre que son amour est trahi; le repentir de s'être éloigné si mal à propos de l'objet de sa tendresse, et la satisfaction d'être certain qu'il n'est pas aussi malheureux qu'il croyait l'être. Lorsqu'Agnès lui avoue si ingénument qu'elle ne peut l'aimer, à combien de mouvemens divers n'est pas en proie ce jaloux, désespéré de ne pouvoir intimider ni fléchir son ingrate! Quelle opposition d'aversion et de tendresse, d'emportement et de douceur, de fierté et d'abaissement, de tristes projets de vengeance, et d'assurances comiques de tout oublier!

Si, en jouant la comédie, il importe de faire succéder dans son âme plus de différentes impressions, il est essentiel, en jouant la tragédie, d'éprouver plus fortement chacune des impressions qu'on est obligé d'exprimer. Chez l'acteur comique, il faut que le *sentiment* soit un instrument plus universel; chez l'acteur tragique, il faut qu'il soit plus mâle, et capable de produire de plus grands effets. Le premier n'a besoin que d'une âme, telle que peuvent l'avoir tous les hommes; le second en a besoin d'une qui ne soit pas dans l'ordre commun.

De là il résulte qu'on pardonne moins au premier de ne pas nous montrer dans chacune de ses positions l'espèce et le degré de *sentiment* qu'il doit nous faire paraître. Pour prononcer sur l'exactitude des acteurs tragiques à remplir ce devoir, nous manquons souvent d'objets de comparaison. Nous n'en manquons jamais pour juger les acteurs comiques, et en examinant ce qui se passerait dans notre cœur si nous étions dans la même situation où l'auteur place leur personnage, nous sommes à portée de décider s'ils sont de fidèles copies de leur modèle.

Cette proposition, me dira quelqu'un, ne sera point contestée. Ce que vous avez avancé sur la nécessité dont est le *sentiment* aux personnes de théâtre, ne peut-il l'être? Vous avez établi pour principe que sur la scène on n'exprime qu'imparfaitement une passion si on ne l'éprouve effectivement. Mais comment nous persuaderez-vous que les actrices, qui savent si bien feindre en particulier des sentimens qu'elles n'éprouvent point , ne puissent les feindre en public, et qu'étant si habiles à se contrefaire avec des amans , elles soient incapables de se contrefaire avec les spectateurs ?

L'objection est facile à résoudre. On ne doit pas en être étonné qu'elles réussissent mieux à tromper des regards destinés à leur être favorables , qu'à se déguiser à des yeux qui ne sont ouverts que pour les examiner avec une curiosité critique. L'amour-propre de l'amant sert presque toujours fidèlement la maîtresse. Celui du spectateur ne sert pas de même la comédienne. La vanité du premier le porte à s'imaginer voir l'une telle qu'elle n'est pas ; la vanité du second lui fait craindre de ne pas voir l'autre telle qu'elle est. L'un goûte du plaisir à se laisser séduire ; l'autre en goûte davantage à montrer qu'il n'est pas la dupe du prestige , lorsque l'artifice est trop grossier pour lui faire illusion. Il consent d'être abusé , mais il veut que son erreur ait l'air raisonnable.

La maîtresse et la comédienne ont seulement cela de commun , qu'il leur sera d'autant plus facile d'emprunter les signes d'une

passion, qu'elles seront moins dominées par
une passion opposée. De ce principe il s'ensuit
qu'une personne de théâtre ne saurait avoir
trop d'attention à ne donner sur elle que le
moins de prise qu'il est possible aux événemens heureux ou malheureux qui lui arrivent. Quand elle s'affecte trop vivement des
moindres sujets de chagrin ou de joie que lui
donnent ses affaires domestiques, il est rare
qu'elle s'abandonne sérieusement aux diverses
impressions que ses rôles exigent d'elle. Difficilement pourra-t-elle chasser à son gré le
sentiment de ce qui la touche personnellement,
pour se rendre propres les sentimens de son
personnage.

CHAPITRE III.

Un comédien peut-il avoir trop de feu ?

Il est des acteurs qui en criant et en s'agi-
tant beaucoup, s'efforcent de remplacer par
une chaleur factice le *feu* naturel qui leur
manque. Il en est plusieurs à qui la faiblesse
de leur constitution et de leurs organes ne
permet pas d'user de cette ressource. Ces der-

niers, ne pouvant entreprendre d'en imposer à nos sens, se flattent d'en imposer à notre esprit, et ils prennent le parti de soutenir que le *feu* chez les gens de leur art est plutôt un défaut qu'une perfection.

Les uns sont de faux monnoyeurs qui nous donnent du cuivre pour de l'or : les autres, des fous qui prétendent nous persuader que les frimas sont des beautés de la nature, parce qu'elle couvre de neige pendant la plus grande partie de l'année le pays qu'ils habitent.

Ne soyons point les dupes de l'artifice des premiers, ni des sophismes des seconds. Ne prenons point les cris et les contorsions d'un comédien pour de la chaleur, ni la glace d'un autre pour de la sagesse, et, bien loin d'imiter certains amateurs du spectacle, qui recommandent soigneusement aux débutantes dont les succès les intéressent de modérer leur *feu*, annonçons aux personnes de théâtre qu'elles ne peuvent trop en avoir; que plusieurs d'entre elles n'ont le malheur de déplaire au public que parce que la nature ne leur a pas accordé cette qualité, ou parce que leur timidité les empêche d'en faire usage; qu'au contraire quelques uns des acteurs qui sont applaudis, jouiraient d'une réputation encore plus générale et moins contestée, s'ils étaient plus animés de cette précieuse flamme qui donne en quelque sorte la vie à l'action théâtrale.

On ne révoquera point en doute ces propositions, lorsqu'on cessera de confondre la véhémence de la déclamation avec le *feu* du comédien, et lorsqu'on voudra faire réflexion que le *feu* dans une personne de théâtre n'est autre chose que la célérité et la vivacité avec lesquelles toutes les parties qui constituent, l'acteur concourent à donner un air de vérité à son action.

Ce principe posé, il est évident qu'on ne peut apporter trop de chaleur au théâtre ; puisque l'action ne peut être jamais trop vraie, et que par conséquent l'impression ne peut être jamais trop prompte ni trop vive, et l'expression répondre trop tôt ni trop fidèlement à l'expression.

Vous serez critiqués justement, lorsque votre action ne sera pas convenable au caractère et à la situation du personnage que vous représentez, ou lorsqu'en voulant montrer du *feu* vous ne nous ferez voir que des mouvemens convulsifs, ou entendre que des cris importuns. Mais alors les personnes de goût, bien loin de vous accuser d'avoir trop de *feu*, se plaindront de ce que vous n'en avez pas assez ; comme au lieu de trouver avec le public trop d'esprit à certains auteurs, elles trouvent qu'ils en manquent.

Un auteur dans une comédie prête le langage d'un bel esprit à un valet ou à une suivante : il met des madrigaux ou des épigrammes dans la bouche d'un acteur agité d'une passion violente, et l'on dit qu'il a trop d'esprit. Il serait plus exact de dire qu'il n'a pas celui de connaître la nature et de l'imiter. En jouant un rôle, vous vous livrez à l'emportement dans des endroits qui n'en demandent pas ; ou si votre emportement n'est pas hors de propos, il n'est pas naturel. Vous tombez dans ces fautes, non par excès, mais par défaut de chaleur. Dès lors vous ne sentez, vous n'exprimez point ce que vous devez sentir et exprimer. Ainsi ce n'est pas du *feu*, c'est de la déraison et de la maladresse que nous apercevons en vous.

Quelques lecteurs, en accordant que l'action outrée et déplacée ne doit pas être nommée excès de *feu*, persistéront à soutenir que sur la scène, même dans les cas où l'on ne sera point répréhensible à ces deux égards, on peut se laisser trop emporter par son ardeur. Sous prétexte qu'on doit observer une certaine gradation dans son jeu, ils objecteront que la chaleur de l'action théâtrale ne doit se développer que successivement, et que si dans un instant le comédien met le degré de vivacité qu'il ne doit employer que quelques instans après, on sera en droit de lui reprocher trop de *feu* dans le premier de ces instans.

Ce raisonnement est moins solide que spécieux, et il a été détruit d'avance par la distinction établie entre la véhémence de l'action et le *feu* de l'acteur. Les connaisseurs souhaitent qu'en plusieurs occasions le comédien ne se livre aux grands mouvemens que par degrés ; mais ils veulent que son *feu* soit toujours égal, parce qu'ils demandent toujours de la célérité et de la vivacité dans le sentiment et dans l'expression.

Et qu'une personne de théâtre, qui a du sentiment, ne se flatte pas de pouvoir se passer de *feu*. Lorsqu'il ne s'agira que de faire impression sur quelques auditeurs, la première de ces qualités peut suffire. Elle ne suffit pas, lorsque vous avez dessein d'émouvoir fortement une nombreuse assemblée. En ce cas vous avez besoin non seulement de *feu*, mais même de véhémence. L'un et l'autre sont au sentiment ce que l'agitation de l'air est à la flamme. Tandis que celle-ci échauffe, qu'elle brûle même des objets voisins, elle ne produit aucun effet sur ceux qui sont éloignés, si un vent impétueux ne l'aide à porter au loin ses ravages.

Un acteur qui manque de sentiment ne passe point pour un comédien; il n'est regardé que comme un déclamateur. La réputation de celui qui a l'âme sensible, mais qui manque de *feu*, et qui ne sait point être véhément lorsqu'il est nécessaire, sera toujours aussi inférieure à la réputation de l'acteur qui joint la vivacité et l'énergie au sentiment, que le succès de l'orateur chez qui l'éloquence du débit ne répond pas à celle des discours, l'est au succès de l'orateur qui réunit l'un et l'autre de ces avantages.

Je le répète : la véhémence employée mal à propos, ou portée au-delà de toute vraisemblance, est ridicule, et je ne crois pas, comme quelques personnes, qu'avec le commun des spectateurs, pourvu qu'on frappe fort, il n'importe pas qu'on frappe juste. Mais dans les morceaux qui doivent être joués avec

9

force, il vaut encore mieux passer un peu le but que de ne pas l'atteindre. La première règle est de remuer l'auditoire, et au théâtre le jeu froid est toujours le plus défectueux. Ce qu'il vous convient d'observer lorsque votre rôle demande que vous soyez véhément, c'est de ne pas abuser tellement de votre voix qu'elle ne puisse vous servir jusqu'à la fin de la pièce. On se moque avec raison d'un athlète qui, précipitant indiscrètement ses pas dès le commencement de la carrière, se met hors d'état de la fournir.

CHAPITRE IV.

Serait-il avantageux que toutes les personnes de théâtre fussent d'une figure distinguée ?

CERTAINS spectateurs, moins touchés des plaisirs de l'esprit que de ceux des sens, sont attirés au théâtre par les actrices plutôt que par les pièces. Sensibles uniquement à la figure, ils sont toujours disposés à prendre un visage aimable pour du talent, et ils voudraient que Mme Pernelle (1) même eût des appas.

(1) La vieille mère d'Orgon dans la comédie du *Tartufe.*

Leur annonce-t-on une débutante, ils commencent par demander si elle est jolie, et souvent ils oublient de demander si elle est bonne comédienne.

Quoique les femmes assurent que la figure est ce qu'elles examinent le moins dans les hommes, cependant un acteur qui n'est pas doué de certains agrémens obtient difficilement leurs suffrages. Les critiques de plusieurs d'entre elles roulent moins sur les imperfections qui regardent l'art que sur celles qui regardent l'extérieur du comédien, et presque toujours son plus ou moins de bonne mine est ce qu'elles ont le mieux remarqué.

Ainsi, du moins sur le Théâtre-Français, si l'on en croit une partie du public, une figure noble et séduisante est absolument nécessaire.

Les juges éclairés ne tombent point dans cette erreur. Ils conviennent qu'il est des rôles qui, comme nous le verrons dans la suite, exigent que la personne de l'acteur ait de quoi plaire. Ils ne nient point que même dans les autres rôles on ait droit de vouloir qu'elle ne déplaise pas. Mais ils prétendent que notre délicatesse sur la régularité des traits et sur l'élégance de la taille, n'est un sentiment raisonnable qu'autant que nous le

renfermons dans les bornes qu'il doit avoir.
On ne peut qu'approuver la répugnance des
spectateurs pour les figures choquantes, mais
il est aussi injuste que contraire à nos intérêts et aux convenances du théâtre de ne
vouloir admettre sur la scène que des figures
d'un ordre supérieur.

Il est des défauts corporels qui ne seront
jamais tolérés dans un comédien, quoiqu'ils
aient pu se rencontrer, et que peut-être même
ils se soient rencontrés effectivement dans les
personnes dont il emprunte les noms. Une
jambe plus courte que l'autre ou une taille
difforme n'aurait point empêché le grand
Scipion d'être regardé comme le plus illustre
des Romains. Cependant l'acteur le plus habile qui aurait l'une de ces imperfections, se
ferait siffler en représentant ce guerrier, et
nous ne passerions point au comédien ce que
nous aurions passé au héros. Orgon pouvait
avoir le visage défiguré par une loupe ou par
une large cicatrice. Cependant nous n'accorde-
rions point d'audience à un homme qui se
présenterait avec l'un de ces défauts, pour
jouer le rôle de l'ami crédule du Tartufe.

Cette contradiction apparente n'en est pas
une. Trouvant le sort injuste lorsqu'il donne

pour demeure à une belle âme un corps défectueux, nous exigeons que le théâtre répare à
cet égard les fautes de la nature, et qu'il en
dissimule les caprices; et la tragédie nous
plaisant principalement par l'air de grandeur
qu'elle prête au genre humain, nous ne voulons point que dans les tableaux qu'elle nous
offre, rien fasse diversion à l'admiration qu'elle
nous donne pour notre espèce. De même que
nous cherchons dans la tragédie des objets qui
flattent notre orgueil, nous cherchons dans la
comédie des objets qui excitent notre gaîté.
Notre intention est traversée, si tandis que le
rôle nous divertit, le comédien nous attriste
en nous rappelant par ses disgrâces person-
nelles les accidens auxquels nous sommes
sujets.

Que la difformité n'espère donc pas de nous
la même indulgence que le simple défaut
d'agrémens. D'un autre côté, que le défaut
d'agrémens n'éprouve pas de notre part les
mêmes rebuts que la difformité. Soyons sensibles, mais soyons justes. Rendons hommage
aux charmes, mais respectons les talens. Lais-
sons-nous toucher par une comédienne si
elle est jolie; mais quoiqu'elle n'ait pas cet
avantage, applaudissons-la si elle est douée

de ceux qui ne craignent point les outrages des ans ni des maladies.

Les agrémens étant plus l'apanage de son sexe que du nôtre, les femmes sont encore plus obligées d'excuser la privation de ce mérite dans un acteur que nous ne le sommes de la pardonner à une actrice. Elles doivent songer que trop de sévérité sur la figure nous priverait quelquefois de sujets qui ont reçu de la nature des présens beaucoup plus estimables que ceux qu'elle leur a refusés.

Ce n'est point entendre nos intérêts que de demander à tous les acteurs et à toutes les actrices une figure d'un ordre supérieur. Ce n'est pas non plus entendre les convenances du spectacle, et peut-être est-il à souhaiter non seulement que toutes les perfections extérieures ne soient pas également réparties entre les comédiens, mais encore que certains comédiens ne possèdent pas quelques unes de ces perfections.

Des traits réguliers, un air noble doivent sans doute en général nous prévenir favorablement pour une personne de théâtre; mais il est des rôles dans lesquels elle paraîtra mieux placée, si la nature ne lui a pas accordé ces avantages. Je n'ignore pas qu'on

voit, sans être blessé du défaut de vraisemblance, qu'on voit même avec plaisir une
jeune beauté se charger d'un personnage de
vieille, et un acteur fait pour plaire, représenter un paysan maussade et grossier. Je
n'ignore pas que nous allons à la comédie
moins pour voir les objets eux-mêmes que
pour en voir l'imitation; que quelque sévères
que nous soyons sur la conformité que nous
exigeons entre l'original et la copie, nous
désirons cependant pour l'ordinaire que les
comédiens n'aient pas les défauts dont ils
entreprennent de nous offrir l'image; que
souvent la copie nous charme, tandis que
l'original nous serait désagréable, et qu'un
homme qui se présenterait ivre sur la scène
serait mal reçu, même en y jouant un rôle
d'ivrogne. Mais il faut distinguer plusieurs
sortes de rôles comiques.

Quelques uns nous divertissent par la seule
imitation de certains ridicules. Le plaisir que
nous font quelques autres naît du contraste
qui se trouve, soit entre les prétentions du
personnage et les titres sur lesquels il les
fonde, soit entre l'effet qu'il devrait produire
sur les autres personnages mis avec lui en
action, et l'effet qu'il produit sur eux.

Dans les rôles de la première espèce, plus l'acteur a les perfections opposées aux défauts que la vérité de la représentation demande qu'il imite, plus nous lui savons gré de nous présenter un portrait fidèle de ces défauts.

Dans les rôles de la seconde espèce, moins l'acteur a les perfections dont se pique le personnage qu'il représente, ou celles qu'attribuent à ce personnage les autres personnages extravagans de la pièce, plus il fait paraître ridicules la folle présomption de l'un et le bizarre jugement des autres, et par conséquent plus il jette de comique dans l'action.

Le rôle d'un homme que l'auteur suppose aspirer mal à propos au titre de beau, excitera moins de risée s'il est joué par un comédien à qui ce titre puisse convenir que s'il l'est par un autre qui ait moins sujet de se louer de la nature. L'erreur d'une dupe qui prend un valet pour un homme de qualité, nous réjouira moins lorsque la bonne mine du valet pourra faire excuser cette erreur que lorsqu'il n'aura rien en lui qui la justifie.

Donc, bien loin qu'il soit convenable de n'avoir que des comédiens dont la figure soit élégante et distinguée, il importe à notre plaisir qu'ils ne soient pas tous formés sur ce modèle.

Ils ne doivent pas cependant donner trop d'extension à cette maxime. Nous leur permettons de n'avoir pas certaines perfections, et non d'avoir les défauts opposés. Il faut même qu'ils soient exempts de plusieurs défauts sur lesquels nous ne ferions point le procès à des personnes qui ne se destineraient pas à se donner en spectacle.

L'exercice de leur profession suppose de l'esprit et demande des grâces. Nous voulons que leur physionomie nous annonce qu'ils possèdent le premier de ces avantages; nous ne voulons point trouver en eux un extérieur incompatible avec le second.

On désire que tous les acteurs aient une physionomie spirituelle. On la désire telle, même à ceux qui se proposent uniquement de représenter des personnages de niais et de dupes. En fait de défauts, je l'ai déjà dit, c'est la copie et non l'original que nous cherchons au théâtre, et nous ne tenons aucun compte au comédien de nous paraître ce qu'il est effectivement. Il ne peut se faire auprès de nous un mérite de bien jouer le rôle d'un

sot sur la scène, qu'autant que nous jugeons
qu'il ne le joue pas dans le monde. Nous
louerons d'autant plus son art, que pour en
faire usage il est moins aidé de la nature.

Quiconque est doué d'une physionomie
spirituelle, peut se vanter de posséder une
des principales grâces; mais cette grâce, surtout chez un acteur, doit être accompagnée
de celles de l'action. Celles-ci ne se rencon-
treront pas en lui, s'il ne règne pas un juste
accord entre toutes les parties dont son extérieur est composé. Des bras trop longs ou
trop courts, des épaules trop hautes, ou quelques autres imperfections pareilles, nous rendront nécessairement un comédien désagréable, parce qu'elles rendront nécessairement
son action défectueuse.

N'étant qu'à un certain degré, elles ne
seraient pas remarquables dans un autre
homme. Étant seulement à ce même degré
dans une personne de théâtre, elles y seront
insupportables. Qu'un homme se contente de
demeurer dans la foule; on ne s'avise pas
de le chicaner sur une bouche trop grande,
ou sur des jambes qui ne sont pas absolument
bien conformées. Veut-il fixer les regards,
sa bouche, qui ne paraissait que grande,

paraît énorme ; ses jambes, qui paraissaient seulement n'être pas dignes d'éloges, paraissent mériter toute notre critique.

Non seulement il ne doit point y avoir de disproportion entre les parties qui composent l'extérieur du comédien, mais encore il est nécessaire que sa taille ne soit pas trop hors de l'ordre commun. Celles qui sont monstrueuses par l'excès de leur grandeur ou de leur petitesse, ne sont pas les seules proscrites au théâtre. Il est bien difficile qu'une personne trop grande réunisse certaines grâces. La petitesse de la taille ne les exclut point, mais un petit homme semble ne jouir pas des mêmes priviléges qu'un autre. A voir les ris qu'il excite lorsqu'il montre de la colère ou de la fierté, on dirait que quelques passions ne lui sont pas permises. Du moins est-il vrai qu'elles ne lui sont pas convenables, et que l'emportement ou le dessein d'inspirer du respect ne s'accorde pas avec la faiblesse et avec l'intérêt d'être modeste. Les mouvemens d'un acteur n'étant qu'empruntés, il ne devrait pas être dans le même cas qu'une personne chez qui ces mouvemens sont naturels : cependant il fait sur nous la même impression. Nous nous moquerions de lui si nous le voyions agité d'une passion violente. Quand sur la scène il nous peint cette passion, nous nous rappelons combien il serait déraisonnable en s'y livrant hors du théâtre. Il paraîtra donc déplacé dans la plupart des rôles tragiques : il le sera même dans plusieurs rôles comiques, et en général on ne le supportera que lorsque le défaut de sa taille pourra servir à mieux faire sentir le ridicule de son personnage.

RÉFLEXIONS

Qu'il est à propos d'ajouter à ce premier Livre.

PREMIÈRE RÉFLEXION.

Les comédiens, dans les rôles subordonnés, ne peuvent pas plus se passer de feu, d'esprit et de sentiment, que dans les premiers rôles.

L'ESPÉRANCE de recevoir ces applaudissemens généraux et constans, si désirés des auteurs et des comédiens, n'est permis, dira-t-on, qu'aux personnes qui remplissent au théâtre

les premiers emplois. Que l'aimable actrice,
qui prête des grâces si touchantes aux pleurs
de Mélanide; que cette même actrice, qui
par un charmant contraste représente si naïvement le tendre embarras de la pupille, ait
toujours fait autant d'amans qu'elle a eu de
spectateurs. Qu'une autre actrice, le principal
ornement du Théâtre Italien, soit toujours
sûre qu'on l'attend avec impatience sur la
scène, et qu'on ne la verra qu'à regret en
sortir. Quelques envieux, pour se consoler de
n'être pas ainsi les idoles du public, préten-
dront que peut-être jamais elles n'auraient
joui de ces flatteuses prérogatives, si elles
n'avaient paru que dans des rôles subordonnés.
Ils soutiendront que non seulement il faut renoncer à la réputation de grand comédien
lorsqu'on est réduit à ne jouer que des rôles de
cette espèce, mais encore que la comédienne
la plus digne de plaire semble perdre une
partie de son mérite et de ses charmes, lorsque le principal intérêt ne tombe pas sur le
personnage qu'elle représente.

De pareils discours ne feront certainement
jamais beaucoup de tort à la gloire des acteurs et des actrices célèbres; mais les induc-
tions qu'on tire de ce faux principe causent

souvent au spectateur un préjudice considérable. La plupart des débutans supposent
qu'étant obligés pour l'ordinaire d'accepter
au théâtre les emplois les moins avantageux,
ils ne doivent pas s'attendre à être extrêmement fêtés par le spectateur. De là ils con-
cluent que ce serait une injustice à nous d'exiger d'eux une si grande perfection, et qu'ils
peuvent se passer de divers avantages naturels.

Il n'est point douteux que la beauté du
rôle ne contribue à faire briller le comédien.
Il n'est pas douteux non plus qu'on ne sup-
porte plus volontiers la médiocrité dans des
acteurs destinés à représenter des personnages de peu d'importance, que dans les acteurs qui occupent les premières places sur la
scène. Mais il n'en est pas moins vrai qu'un
habile comédien peut faire valoir des rôles (1)

------

(1) Les premiers acteurs travailleraient pour leur
gloire, si de temps en temps ils avaient l'orgueil de
jouer des seconds et des troisièmes rôles. L'honneur
de faire découvrir, dans un rôle, des beautés qui n'y
avaient pas été aperçues, vaut bien celui de se faire
applaudir dans un autre qui attire des battemens de
mains au comédien le plus médiocre.

dont sans lui plusieurs spectateurs ne connaî-
traient pas tout le prix. Il est aussi certain
que si par la disette des sujets on pardonne
au commun des personnes de théâtre de ne
pas posséder éminemment certains dons de
la nature, il n'y a aucun de ces dons qu'elles
ne doivent posséder, du moins jusqu'à un certain degré.

. Qu'on prenne au hasard la meilleure ou la
moins bonne comédie des auteurs dignes de
servir de modèles. On y verra tous les personnages animer chaque scène par l'exercice
que leur donnent leurs passions, ou par celui
qu'ils donnent aux passions d'autrui ; par l'embarras dans lequel ils se trouvent, ou par celui dans lequel leur subtilité ou leur maladresse
jette les personnes qu'ils veulent desservir ou
favoriser ; par leurs méprises comiques, fruits
ingénieux de la gaîté de l'auteur, et sources
fécondes d'un plaisir toujours nouveau pour
les spectateurs, ou par des actions et des discours qui présentant en même temps diverses
faces, donnent lieu à l'erreur de quelqu'un
qu'on veut tromper, et servent à la faire durer. Toujours en mouvement, ils nous y
tiennent sans cesse, et les moindres d'entre
eux soutiennent partout le nom d'acteurs,

qui n'est donné aux personnages d'un ouvrage dramatique que parce qu'ils doivent
être toujours agissans.

La voix, la mémoire suffiront-elles à un
comédien pour représenter des personnages
qui souvent ne sont pas moins difficiles à rendre que celui du héros de la pièce? Si des acteurs n'ont point de feu ni d'intelligence, si
la nature leur a refusé le sentiment, comment
réussiront-ils, je ne dis pas à plaire, mais à
se faire supporter dans le moins considérable
de ces personnages?

Dans la tragédie, la supériorité d'un rôle
sur l'autre est beaucoup plus grande que dans
la comédie; mais il s'en faut bien qu'il puisse
y avoir la même subordination entre les talens des acteurs tragiques qu'entre leurs rôles.
Il se trouve, dans plusieurs des pièces que
jouent ces acteurs, un certain nombre de
personnages qui, sans intéresser autant que
ceux du premier et du second ordre, disent
des choses assez importantes pour que le
spectateur ne veuille pas les voir défigurées.
Quelques morceaux des rôles des simples confidens, surtout les récits dont ils sont souvent
chargés, sont, du moins pour le commun des
auditeurs, aussi frappans que les plus belles

scènes par la vivacité des mouvemens et par
la pompe des images.

Duquel des avantages dont j'ai parlé un
comédien pourra-t-il se passer, lorsqu'il s'a-
gira de conserver à ces morceaux toute leur
majesté et toute leur force? Ils ne font, à la
vérité, que la plus petite partie des rôles des
confidens ; mais par cette raison même ces
rôles sont peut-être les plus difficiles à jouer.
Un acteur, soutenu par un rôle continûment
pathétique, est bien maladroit s'il ne se fait
pas applaudir. La grande difficulté consiste à
tirer de son art les secours qu'on ne trouve
pas dans son personnage. Pourvu qu'on n'ait
pas une figure absolument disgraciée, on
peut en imposer à la multitude par la magnificence des vêtemens. Il faut être extrêmement favorisé de la nature pour se faire respecter sous un habit modeste.

Les personnes que diverses convenances
éloignent des premiers rôles seraient à plaindre si, ayant besoin de tant d'avantages, elles
avaient lieu de croire qu'elles ne peuvent jamais s'attirer de notre part beaucoup d'attention. Dissipons cette erreur, et assurons-les
que notre estime pour elles ne se mesure
point à l'importance de leurs emplois, mais au

succès avec lequel elles s'en acquittent; que le mérite se fait remarquer sous le nom de Théramène comme sous ceux de Thésée et d'Hippolyte, et que pour juger de la beauté d'un portrait, nous n'examinons point s'il représente un monarque ou un simple soldat.

SECONDE RÉFLEXION.

Quoiqu'on soit doué des principaux avantages que nous exigeons dans une personne de théâtre, on doit ordinairement à un certain âge renoncer à se donner en spectacle.

Ce qui a été dit sur la figure, on peut le dire sur l'âge pour les personnes de théâtre. La plupart des spectateurs souhaiteraient de ne voir sur la scène que des figures propres à charmer les yeux; ils souhaiteraient aussi de n'y voir que des sujets qui fussent dans leur printemps. Nous avons prouvé que la première de ces prétentions était déraisonnable. La seconde ne l'est pas moins.

De même qu'un personnage, qui se pique mal à propos de beauté, nous divertit d'autant plus que cette perfection se trouve moins dans la personne qui le représente, un personnage qui aspire mal à propos aux prérogatives de la jeunesse doit faire d'autant plus d'effet qu'il est représenté par une personne qui ne pourrait elle-même vouloir passer pour jeune sans se donner un ridicule. Quelques acteurs comiques gagnent donc, en diverses circonstances, à n'être plus dans l'âge destiné pour l'amour et pour les plaisirs.

Mais exhortons les comédiens, et surtout les comédiennes, à ne pas abuser de ce principe. Quand ils ne peuvent plus que déplaire au spectateur, qu'ils ne s'obstinent point à se présenter à ses regards. Que même avant le temps où ils sont condamnés à quitter leur profession, ils aient le courage de renoncer aux rôles qui ne leur conviennent plus.

Les uns et les autres doivent toujours se souvenir qu'au spectacle nous sommes infailliblement blessés de tout ce qui nous donne occasion, en nous rappelant les infirmités de la nature humaine, de faire des retours fâcheux sur nous-mêmes. Pour l'ordinaire, lorsqu'on est devenu un objet plus capable d'inspirer la tristesse que d'exciter le plaisir, le meilleur parti qu'on ait à prendre est celui de la retraite. Il paraîtra presque toujours extravagant que des personnes à qui l'usage du monde interdit même la satisfaction de par-

tager, du moins trop fréquemment, les amusemens publics, s'arrogent le droit d'en être
les héroïnes. Un talent unique ou extrêmement supérieur peut seul nous faire souffrir
un acteur ou une actrice dont les traits flétris
nous annoncent le sort qui nous attend.

Il est permis aux personnes qui ont fait
avec justice l'admiration des spectateurs, de
se donner plus long-temps que les autres en
spectacle. Elles doivent même, par reconnaissance des applaudissemens qu'elles ont reçus
du public, ne point cesser de le servir, jusqu'à
ce qu'elles soient remplacées par des sujets
qui, aux avantages qu'elles n'ont plus, joignent
ceux qu'elles ont encore. Quand on saura que
ce n'est ni par un sordide intérêt, ni par une
folle présomption, qu'elles demeurent dans
une troupe, on ne leur imputera point les
torts de la nature; et si l'on fait attention à
leur âge, ce sera pour se plaindre de ce que,
méritant de ne point vieillir, elles sont assujetties, comme les autres, à la loi commune.

Les hommes peuvent plus impunément
que les femmes jouer la comédie dans un âge
avancé. C'est sans doute parce que, soutenant
mieux qu'elles les attaques de la vieillesse, ils
nous la montrent sous une image moins affli-

.geante. On a vu deux comédiens célèbres (1.), loin d'être accablés du fardeau des années, continuer de porter avec autant de succès que d'ardeur celui d'une profession que bien des jeunes gens, même en ne remplissant pas trop exactement leurs devoirs, trouvent encore trop fatigante. Ce qu'on demande aux personnes qui sont autorisées par la supériorité de leurs talens à ne pas se presser de quitter le théâtre, c'est que, lorsqu'elles seront maîtresses du choix de leurs rôles, elles ne choisissent que ceux qui ne contrastent pas trop avec leur âge. Un des deux acteurs (2) que je viens de citer ne nous a point, malgré tout son mérite, fait approuver le penchant qu'il avait sur la fin de sa vie à jouer des rôles de jeunes princes. Nous ne nous sommes pas accoutumés à lui entendre donner au théâtre le nom de fils par des actrices dont il aurait pu être le bisaïeul.

(1.) Baron et Guérin.
(2) Baron.

LIVRE SECOND.

Par quels avantages il importe que les acteurs qui jouent les rôles dominans soient supérieurs aux autres comédiens.

———

Les acteurs auxquels dans la comédie on donne par préférence le nom de comiques ; ceux qui, dans la tragédie, représentent des personnes dignes de notre admiration par leurs vertus, et de notre compassion par leurs malheurs, et ceux qui, soit dans la tragédie, soit dans la comédie, jouent les rôles d'amans, doivent posséder plusieurs dons naturels, dont peuvent se passer les autres personnes de théâtre.

Ces dons sont de deux espèces : les uns sont extérieurs, les autres intérieurs. Ceux-ci seront le sujet de la première Section de ce livre. Je réserverai pour la seconde ce que j'ai à dire sur ceux qui intéressent les sens des spectateurs.

———

SECTION PREMIÈRE.

DES DONS INTÉRIEURS QU'ON DÉSIRE CHEZ LES PRINCIPAUX ACTEURS.

CHAPITRE I.

La gaîté est absolument nécessaire aux comédiens, dont l'emploi est de nous faire rire.

POUR peu que l'on consultât quelques gens du bel air, on bannirait de la comédie les valets, les soubrettes, les paysans, et divers autres personnages destinés à nous réjouir par leurs plaisanteries ou par leurs ridicules. Ces spectateurs délicats exigent qu'on n'introduise jamais sur la scène que des personnes d'un certain ordre; et, selon eux, c'est manquer de respect au public que de prétendre l'occuper par des objets de moindre importance. Bientôt, pour qu'ils prêtent l'attention à un acteur, il faudra qu'il leur produise les titres de noblesse de l'homme qu'il représente.

J'avoue qu'on peut faire de bonnes comédies sans y employer des personnages subal-

ternes ; mais Molière, Regnard, Dancourt et
les autres maîtres du théâtre, nous ont prouvé
qu'on peut employer ces personnages et faire
des pièces admirables. Quoique je rende autant
de justice que personne aux poètes qui, prenant
une autre route, se sont attachés principalement au genre qu'on nomme *le haut comique*,
je pense que ce genre n'est pas le seul digne
de nous plaire ; que le véritable but de la comédie est de nous faire rire ; que, pourvu
qu'elle y réussisse par des moyens décens,
nous ne devons pas la chicaner sur le choix
de ces moyens ; que le comique peut être fin,
sans que les personnages soient d'une condition
fort relevée (1), et qu'il n'y a de bas comique
que celui qui décèle, dans l'auteur, des mœurs
basses et un esprit rampant.

Que les poètes qui savent faire parler un
homme du peuple convenablement à son état
et à son caractère, et cependant prêter de
l'agrément à ses discours, ne craignent donc
point de le faire paraître sur la scène. Mais
qu'un comédien ne se charge point de rôles

_____

(1) Si l'on doute de ce que j'avance, qu'on lise la
comédie des *Trois Cousines*.

de cette espèce, lorsqu'il est né d'un caractère sérieux.

Si une personne de théâtre ne peut avoir trop d'attention à ne donner sur elle que le moins de prise qu'il est possible aux événemens heureux ou malheureux qui lui arrivent, les acteurs comiques sont encore plus assujettis que les autres à cette loi. Le désir de se faire applaudir est presque la seule passion qui leur soit permise, et, à cet article près, chacun d'eux ne doit connaître d'autre sentiment habituel que celui de la joie. Surtout il faut que le plus ou le moins d'opulence n'influe point sur leur humeur, et que leur gaîté ne dépende pas de la plus ou moins grande abondance de la recette.

Nous voulons que sans cesse les ris marchent sur leurs traces, ou qu'ils se divertissent en nous divertissant. Ce n'est qu'en se donnant la comédie à soi-même qu'on peut parvenir à la bien jouer. Quand on représente un personnage comique sans y prendre du plaisir, on n'a l'air que d'un mercenaire qui exerce le métier de comédien par l'impuissance de se procurer d'autres ressources.

Au contraire, lorsqu'on partage le plaisir avec les spectateurs, on est presque toujours

certain de leur plaire. L'enjouement est le
véritable Apollon des acteurs comiques. S'ils
sont joyeux, ils ont presque nécessairement
du feu et du génie.

N'oublions pas cependant de les avertir que
nous désirons de lire pour l'ordinaire dans
leur jeu seulement, et non sur leur visage, la
gaîté que leur inspirent leurs rôles. Les physionomies tristes ne sont souffertes qu'avec
peine dans la comédie. Mais un comédien
qui se propose de nous réjouir, nous paraîtra
souvent d'autant plus comique qu'il affectera
davantage de paraître sérieux. Je dirai bientôt aux acteurs tragiques : *Pleurez si vous
voulez que je pleure.* Je lui dis : *Ne riez presque jamais si vous voulez que je rie.*

Il ne doit jamais perdre de vue qu'il est
toujours obligé de demeurer caché derrière
son personnage ; que le personnage nous divertit, soit par les choses qu'il fait ou qu'il dit
de dessein prémédité, soit par des actions et
des discours involontaires ; que dans la dernière supposition le comique manque son effet,
si l'acteur, en riant, lui ôte l'air de naïveté qui
en fait tout le prix ; que, dans le premier cas,
les plaisanteries perdent au théâtre, comme
dans la conversation, leur sel le plus piquant,

si la personne dont elles partent ne dissimule avec soin son intention de faire rire, et l'espérance qu'elle a d'y réussir.

~~~~~~~~~~~~~~~~~~~~~~~~~~~~~~~~~~~~~~~

CHAPITRE II.

Quiconque n'a point l'âme élevée, représente mal un héros.

On ne doit pas m'accuser de donner le nom d'élévation de sentimens à la folie dont quelquefois sont atteints les premiers acteurs tragiques : quelquefois, se persuadant qu'ils ne cessent jamais d'être princes, ils ne peuvent, même en quittant le cothurne, descendre de leur grandeur. Ils croient donner audience en recevant une visite, et tenir conseil d'état lorsqu'ils assistent aux délibérations de leur troupe : ils dictent des ordres à leurs domestiques, du ton avec lequel les souverains prononcent des arrêts, et ils font des politesses à un auteur qui a besoin d'eux, d'un air à donner lieu de soupçonner qu'ils pensent distribuer des grâces ou des récompenses.

On ne doit pas non plus m'accuser d'appeler élévation de sentimens le préjugé de

quelques personnes de théâtre, qui, à l'exemple d'un fameux comédien, placent les grands
acteurs à côté des plus grands hommes, et
qui, si elles osaient, soutiendraient presque
qu'il est moins difficile d'être un héros que
de le bien représenter.

La vanité des premiers peut ne leur être
pas absolument inutile. Si, d'un côté, elle
les rend ridicules, elle peut, de l'autre, les
rendre plus propres à leur emploi. Elle peut
les exposer dans la société à des aventures
désagréables, mais elle peut aussi leur fournir
un moyen de s'attirer plus d'applaudissemens
au théâtre. A force de s'accoutumer à jouer
dans leurs maisons le rôle de rois, ils peuvent
parvenir à le jouer plus naturellement lorsqu'ils sont sur la scène. Mais cette habitude
n'influera que sur leur extérieur. Elle enno-
blira leur maintien et leur geste, mais elle ne
donnera point à leurs tons cette fierté mâle,
nécessaire pour nous inspirer les généreux
transports que nous attendons de la tragédie.

La prévention de certains comédiens pour
l'excellence de leur art peut aussi leur être
de quelque utilité, en le leur faisant aimer
davantage. Peut-être tel acteur a dû principalement ses succès à ce sentiment; peut-

être, s'il avait moins estimé sa profession, aurait-il fait moins d'efforts pour y exceller. L'âme prend nécessairement une certaine élévation par la haute idée qu'elle se forme des objets sur lesquels elle s'exerce. Mais il y a encore loin de cette élévation à celle que les acteurs tragiques sont obligés de nous montrer, s'ils veulent nous satifaire.

Celle-ci consiste dans un noble enthousiasme, produit par tout ce qui porte le caractère de grandeur, et c'est ce que je nomme hauteur de sentimens. C'est cet enthousiasme qui distingue les excellens tragédiens des médiocres. C'est surtout par ce don précieux que les premiers font naître, dans le cœur du moindre spectateur, des mouvemens qu'il n'imaginait pas être à son usage.

Le pouvoir de nous élever au-dessus de nous-mêmes est le plus beau privilège de la tragédie, mais souvent, pour en jouir, elle a besoin du secours de l'acteur. Les discours qui renferment les sentimens les plus héroïques, sont pour un grand nombre de personnes ce qu'est, pour celles à qui la musique n'est point familière, un air simplement noté : à moins qu'un chanteur habile ne lui donne l'âme et l'expression, les ignorans n'en con-

naissent pas le prix. La sublimité d'un sentiment échappe à plusieurs spectateurs, si le
comédien ne les aide à l'apercevoir.

Ils en ont cependant en eux le germe, et il
s'agit seulement de l'échauffer pour qu'il se
développe. Lorsqu'en représentant un grand
homme, vous êtes rempli de cette chaleur cé-
leste dont il fut animé, vous la faites passer
dans les âmes les plus communes. Vous trans-
formez un cœur faible en un magnanime, et
vos auditeurs, du moins pour le moment, de-
viennent autant de héros. Ils se persuadent
presque qu'il ne leur a manqué que l'occasion
pour étonner leurs contemporains, et que s'ils
s'étaient trouvés dans la même situation que
votre personnage, ils l'auraient égalé, et
peut-être surpassé. A chaque sentiment élevé
que la tragédie lui prête, il leur semble qu'elle
leur étale leurs propres richesses. Dans ce
qu'est ce personnage, ils contemplent ce qu'ils
se croient capables d'être, et ils admirent
dans ses vertus la prétendue grandeur à laquelle ils se flattent qu'ils auraient pu aspirer, si la fortune leur avait été plus favorable.

CHAPITRE III.

Si toutes les personnes de théâtre ont besoin de sentimens, celles qui se proposent de nous faire répandre des larmes ont plus besoin que les autres de la partie du sentiment désignée communément sous le nom d'en- trailles.

Horace a dit : *Pleurez si vous voulez que je pleure.* Il adressait cette maxime aux poètes On peut adresser la même maxime aux co- médiens.

Les acteurs tragiques veulent-ils nous faire illusion ? ils doivent se la faire à eux-mêmes. Il faut qu'ils s'imaginent être, qu'ils soient effectivement ce qu'ils représentent, et qu'un heureux délire leur persuade que ce sont eux qui sont trahis, persécutés. Il faut que cette erreur passe de leur esprit à leur cœur, et qu'en plusieurs occasions un malheur feint leur arrache des larmes véritables.

Alors nous n'apercevrons plus en eux de froids comédiens, qui par des tons et des gestes étudiés veulent nous intéresser pour des aventures imaginaires. Alors, si quelque obstacle insurmontable ne s'oppose à l'effet qu'ils doivent produire, ils sont sûrs d'opérer tous les prodiges qu'ils peuvent attendre de leur art. Ce sont des souverains qui commandent en maîtres absolus à nos âmes. Ce sont des enchanteurs qui savent prêter de la sensibilité aux êtres les plus insensibles.

Tel est le pouvoir de la tristesse : cette affection de l'âme est une espèce de maladie épidémique, dont les progrès sont aussi rapides qu'étonnans. Contraire aux autres maladies, elle se communique par les yeux et par les oreilles, et il suffit de voir ou d'entendre une personne sincèrement et justement affligée, pour s'attrister avec elle. La vue des effets des autres passions n'est pas de même contagieuse. Un homme se livre en notre présence aux mouvemens de la plus violente colère, et il nous laisse dans une parfaite tranquillité. Un autre est transporté de la joie la plus vive, et nous demeurons sérieux. Mais les pleurs, même ceux d'une personne qui nous est indifférente, ont presque toujours le privilége de nous toucher. Nés pour la peine et pour les souffrances, nous lisons douloureusement notre destination dans le sort des malheureux, et les infortunes des autres sont un miroir dans lequel nous contemplons avec amertume les misères attachées à notre condition.

Il est aisé de rendre raison de notre facilité à nous affliger; il ne l'est pas de définir exactement la nature du plaisir que nous goûtons, en voyant la tragédie, à éprouver ce sentiment. Que nous allions au théâtre dans le dessein d'emprunter les impressions qui nous manquent, ou de nous distraire de celles qui nous déplaisent, on n'en sera pas surpris : ce qui paraît étonnant c'est que nous y soyons souvent conduits par le désir de répandre des larmes. On peut cependant assigner diverses causes de ce penchant bizarre, et l'embarras est seulement de déterminer laquelle est la plus générale.

Lorsque j'ai dit que les infortunes d'autrui étaient un miroir dans lequel nous considérions le sort auquel nous sommes condamnés, j'aurais pu faire une distinction. Elle sera placée ici plus convenablement, et elle servira à faire entrevoir une des sources du plaisir dont nous cherchons l'origine. L'aspect des disgrâces des autres est douloureux pour nous, lorsqu'il s'agit de celles auxquelles nous

sommes exposés comme eux. Il devient con-
solant lorsque nous n'avons point à craindre
celles dont il nous offre la peinture. Nous re-
cevons une espèce de soulagement, en reconnaissant que dans des conditions auxquelles
nous portons envie, on subit quelquefois
des peines cruelles, à l'abri desquelles nous
met notre médiocrité. Non seulement nous
supportons nos maux avec moins d'impatience, mais nous nous applaudissons de nous
trouver moins malheureux que nous n'imagi-
nions l'être.

De ce que des malheurs étrangers, plus
grands que les nôtres, nous consolent de
n'être pas plus heureux, il ne s'ensuivrait pas
que nous dussions goûter des charmes à nous
attrister de ces malheurs si notre amour-
propre ne trouvait son compte à leur payer
ce tribut. Mais les héros célèbres par leurs
infortunes l'ont été aussi par des qualités
extraordinaires. Plus nous sommes touchés
de leur sort, plus nous montrons que nous
connaissons le prix de leurs vertus, et le titre
de justes estimateurs de la grandeur flatte
notre orgueil. D'ailleurs la sensibilité, quand
elle est guidée par le discernement, est elle-
même une vertu. On se place dans la classe

des âmes généreuses, en accordant à d'illustres infortunés la compassion qui leur est dué. Au théâtre surtout, on s'attendrit d'autant plus volontiers en faveur des grands personnages, qu'on sait que ce sentiment ne sera pas d'une assez longue durée pour devenir importun, et qu'un heureux changement dans leur situation fera bientôt cesser leurs disgrâces et notre douleur.

Sommes-nous trompés dans notre attente, et ces héros sont-ils les victimes d'un destin injuste et barbare? nous nous établissons juges entre eux et leurs ennemis. Il nous semble que si nous avions le choix de périr comme les uns, ou de triompher comme les autres, nous ne balancerions pas, et nous en paraissons plus grands à nos yeux.

Peut-être chercherait-on vainement à démêler laquelle de ces causes influe davantage sur le plaisir que nous avons à pleurer à la tragédie; peut-être chacune devient-elle la première ou la dernière, selon la nature de l'âme sur laquelle elles agissent. Je ne m'arrêterai pas plus long-temps à une question moins importante que curieuse, et je passe à une autre plus relative à mon sujet.

Pourquoi des comédiens qui ont été vive-

ment émus en entendant la lecture de leurs
rôles, ne le sont-ils pas en les représentant?
Pourquoi des scènes qui leur arracheraient
des pleurs si elles étaient exécutées par d'autres, ne font-elles sur eux aucune impression quand ils les exécutent?

Vraisemblablement cette singularité ne doit
souvent être attribuée qu'au peu d'activité de
leur âme, qui ne peut être mise en mouvement que par le ministère grossier des sens.
Ébranlés par les tons plutôt que par les situations et par les discours, ils ne sont attendris
que lorsqu'une récitation touchante les avertit
qu'ils doivent l'être. Chez quelques autres,
on peut imputer la contrariété dont il s'agit,
au penchant qu'a notre cœur pour l'indépen-
dance, et qui le porte à faire moins bien ce
qu'il fait de commande que ce qu'il fait volontairement. D'autres montrent tant de froideur dans leur jeu, parce que ne possédant
pas assez bien leurs rôles, et étant tout occupés du soin de se rappeler ce qu'ils ont à dire,
ils ne peuvent s'abandonner aux mouvemens
qu'exigent leurs situations. Souvent il arrive
aussi, surtout aux acteurs qui n'ont pas acquis le droit de compter sur nos applaudissemens, il arrive, dis-je, que la crainte de

déplaire au tribunal redoutable du parterre étouffe en eux tout autre sentiment, et qu'ils tombent dans l'inconvénient de ces écoliers timides, à qui la présence d'un maître sévère ne permet pas de faire usage de leurs heureuses dispositions.

~~~~~~

CHAPITRE IV.

Les personnes nées pour aimer devraient avoir seules le privilége de jouer les rôles d'amans.

Dans un nouvel opéra, une actrice représentait une princesse éprise d'un feu violent pour un infidèle, et elle ne mettait point dans son rôle la tendresse qu'il exigeait. Une de ses compagnes, qui, malgré les raisons que deux personnes de leur profession et de leur sexe ont de ne se point aimer, était son amie, voulut lui faire jouer ce rôle avec succès. Elle lui donna plusieurs leçons, mais les leçons ne produisirent point l'effet désiré. Enfin un jour la maîtresse dit à l'écolière : *Ce que je vous demande est-il si difficile? Mettez-vous à la place de l'amante trahie. Si vous étiez aban-*

donnée d'un homme que vous aimeriez tendre-
ment, ne seriez-vous pas pénétrée d'une vive
douleur? Ne chercheriĕz-vous point...—Moi?
répondit l'actrice à qui s'adressait ce discours,
je chercherais les moyens d'avoir au plus tôt
un autre amant. En ce cas, répliqua la maîtresse, *nous perdons toutes deux nos peines.*
Je ne vous apprendrai jamais à jouer votre
rôle comme il faut.

La conséquence qu'elle tirait était juste.
Son amie ne connaissait dans l'amour que
l'intérêt ou la vanité; elle était incapable d'en
exprimer les délicatesses.

Je conçois, direz-vous, que les personnes
qui aiment ou qui ont du penchant à aimer,
sont plus propres que les autres à jouer les
rôles tendres; mais je ne vois pas pourquoi
seules elles y seraient propres. Pour peu
qu'on soit instruit de l'histoire du théâtre,
on sait que les scènes d'amour n'ont jamais
été rendues si vivement que lorsque l'acteur
et l'actrice qui les exécutaient étaient réellement charmés l'un de l'autre. On ne cessera
point de citer à ce sujet combien, dans un
certain temps, un semblable hasard a fait
réussir la *Psyché* de Molière. Doit-on conclure de là qu'il faille avoir de la disposition

à la tendresse pour remplir les rôles qui demandent d'être joués tendrement ? Tous les jours un homme doux représente fort bien un personnage cruel. Un acteur, avec beaucoup d'éloignement et de mépris pour la fatuité de nos petits-maîtres, peut les copier parfaitement, et il n'est pas nécessaire d'être d'une humeur fâcheuse et colérique pour contrefaire les emportemens du Grondeur. Par quelle raison n'en serait-il pas de l'amour comme des autres passions, et pourquoi, sans être susceptible de ses faiblesses, ne pourrait-on peindre fidèlement ses transports ?

Si vous tenez ce langage, vous n'avez point aimé : il y a même de l'apparence que vous n'avez jamais vu de véritables amans. Avec plus d'expérience vous reconnaîtriez que l'expression de la tendresse n'est point du ressort de l'art. Quelque effort qu'il fasse pour en attraper l'air naïf et touchant, il sera toujours aussi différent de la nature que les froides minauderies d'une courtisane le sont des regards passionnés d'une amante sincère. On ne copie qu'imparfaitement les autres passions lorsqu'on ne s'abandonne pas à leurs mouvemens, mais on les copie du moins

imparfaitement. De sang-froid on imite mal
le ton de la colère, mais du moins est-il
possible d'emprunter quelques uns des autres
signes extérieurs par lesquels elle a coutume de se manifester ; et dans plusieurs
rôles, même lorsque vous ne trompez point
les oreilles, vous trompez quelquefois les
yeux. Dans les rôles tendres vous ne trompez
pas plus les yeux que les oreilles, si la nature
ne vous a pas doué d'une âme faite exprès
pour aimer.

Sans se donner la peine de réfléchir beaucoup, on se convaincra de la vérité de ce
principe. Peut-être même en viendra-t-on à
se persuader qu'un acteur et une actrice qui
jouent ensemble une scène de deux personnes
mutuellement enivrées de leur amour, ne
peuvent la jouer avec une entière perfection,
si du moins dans cet instant ils ne ressentent
pas effectivement l'un pour l'autre tous les
transports qui agiteraient cet amant et cette
maîtresse.

En effet, si pour rendre convenablement
une scène de cette nature, il n'est pas nécessaire qu'ils éprouvent mutuellement une passion du moins momentanée, pourquoi une
personne de théâtre paraît-elle si différente

d'elle-même lorsqu'elle joue vis-à-vis de l'objet de sa tendresse, ou lorsqu'elle n'a pas cet avantage ? Pourquoi presque tous les comédiens, de leur propre aveu, rempliront-ils mal un rôle d'amant lorsqu'on les mettra en scène avec une actrice qui n'est capable de leur rien inspirer ? Il se présente une troisième question. Pourquoi une scène tendre nous paraît-elle insipide lorsque le rôle de l'amant est joué par une femme travestie ? N'est-ce pas par la persuasion où nous sommes qu'elle ne ressent point pour une personne de son sexe les mouvemens dont elle se propose de nous offrir l'image ?

Que si l'on veut savoir la raison pour laquelle on peut emprunter le masque des autres passions, et l'on ne peut, à moins d'aimer soi-même, copier que d'une façon très infidèle les transports de la tendresse, je hasarderai là-dessus une conjecture.

Les autres affections de l'âme ne se peignent sur le visage qu'en causant aux traits une espèce d'altération, au lieu que la tendresse jouit, ainsi que la joie, du privilége d'ajouter des beautés à la physionomie et d'en corriger les défauts. Ainsi, de ce qu'on peut nous présenter une image imparfaite de certaines passions, quoiqu'on ne soit point soumis à leur empire, il ne s'ensuit point qu'on puisse imiter même imparfaitement la douce ivresse de l'amour sans en être agité.

Ce serait demander l'impossible que d'exiger que toutes les personnes qui jouent ensemble des scènes tendres fussent pour ce moment éprises l'une de l'autre. Mais nous avons intérêt que si leur passion n'est pas réelle, elle soit apparente, et elles ne nous feront point sur cet article la plus légère illusion, lorsqu'elles n'auront pas au moins du penchant à l'amour. Il n'est pas plus facile à quelqu'un sur qui la jeunesse, les grâces et la beauté n'ont aucun pouvoir, d'emprunter cette délicieuse agitation, ces mouvemens vifs et voluptueux, produits par la présence d'un objet qu'on aime et dont on est aimé, qu'il ne l'est à la triste et sombre nuit de se parer de l'éclat d'un jour pur et serein.

CHAPITRE V.

Qui n'est qu'un corollaire du Chapitre précédent.

Puisque la disposition à la tendresse est une condition nécessaire pour jouer les rôles d'amans, il est évident qu'on ne doit pas se charger de ces rôles si l'on n'est plus dans l'heureux âge d'aimer.

Le souvenir de nos impressions passées ne suffit pas pour nous les rendre. En vain nous rappelons-nous ce que nous étions lorsque la chaleur et l'activité de notre sang donnaient aux passions un si puissant empire sur nous. Cette idée, lorsqu'il ne nous reste plus qu'un sang paresseux et refroidi par les années, n'est que la réminiscence d'un beau songe, et elle ne peut faire renaître ces doux transports qui faisaient nos délices. Pour qu'elle produisît cet effet, il faudrait que les objets nous parussent tels qu'ils nous paraissaient autrefois, et nous n'avons plus les mêmes yeux. Plus nous perdons le droit d'être difficiles, plus nous le devenons, et, à mesure que nous méritons moins, nous demandons davantage.

Dans cette situation, quel moyen pour un acteur et une actrice de se transformer, selon leurs désirs et selon les besoins de l'auteur, en des amans qui croient voir, dans l'idole de leur amour, ce que la nature a produit de plus parfait?

Indépendamment de ce que des comédiens dans leur arrière-saison n'ont plus ni la même façon de voir, ni la même promptitude à s'enflammer, ils doivent craindre, lorsqu'ils ont à soutenir des personnages d'amoureux, de porter dans la représentation le même embarras qu'ils éprouveraient si la fiction devenait pour eux une vérité. Ils parleront d'autant moins bien le langage de l'amour à une maîtresse supposée, qu'ils savent qu'ils le parleraient avec moins de succès à une maîtresse véritable. Ils sentent qu'ils ne persuaderaient pas celle-ci : ils ne peuvent prendre avec celle-là les tons par lesquels dans un autre âge ils l'auraient persuadée.

SECTION II.

DES DONS QUI, CHEZ LES ACTEURS DONT IL S'AGIT
DANS CE SECOND LIVRE, INTÉRESSENT LES SENS
DES SPECTATEURS.

CHAPITRE I.

*Telle voix qui peut suffire dans certains
rôles, ne suffit pas dans les rôles destinés
à nous intéresser.*

Nous trouverions ridicule que pour jouer
soit la tragédie, soit la comédie, on se pré-
sentât au théâtre sans avoir un organe convenable; qu'on se flattât, sans voix, de s'y faire
entendre, et qu'on prétendît nous réduire à
ouvrir les oreilles pour écouter des muets, et
à voir des scènes, embellies de tous les ornemens que peut fournir l'esprit aidé du génie,
devenir de froides pantomimes. Mais, pourvu
que les acteurs comiques ne nous laissent rien
perdre des discours que l'auteur met dans leur
bouche, nous leur passons volontiers la médiocrité de la voix. Je pense même qu'il leur

importe de n'avoir pas une voix d'un si grand volume. Ce qu'une voix gagne du côté du volume, elle le perd du côté de la légèreté, et les acteurs comiques ont besoin principalement d'une voix légère et flexible. Les acteurs tragiques en ont besoin d'une qui soit forte, majestueuse et pathétique.

La comédie, même lorsque par hasard elle se propose de nous toucher, n'est obligée que de nous procurer une douce agitation. Nous attendons de la tragédie de violentes secousses. Pour les produire, elle se sert préférablement de ses principaux acteurs. Par cette raison, il faut que leur voix, propre en même temps à maîtriser l'attention, à imprimer le respect et à exciter de grands mouvemens, puisse donner à la véhémence des discours la mâle vigueur, à l'élévation des sentimens la noble fierté, et à la vivacité de la douleur l'éloquente énergie qui leur sont nécessaires pour nous frapper, pour nous saisir et pour nous pénétrer. Ce n'est pas assez qu'elle ébranle, il faut qu'elle transporte ; ce n'est pas assez qu'elle impose, il faut qu'elle subjugue ; ce n'est pas assez qu'elle touche, il faut qu'elle déchire.

Lorsque des personnes à qui la nature n'a accordé que de faibles organes, jouent quel-

ques uns des premiers rôles tragiques, on croit
entendre la tempête d'*Alcyone*, exécutée par
ces instrumens nains et asthmatiques dont
les maîtres de danse se servent en donnant
des leçons à leurs disciples. Quelle impression
au contraire ne fait pas un rôle destiné à remuer vivement les spectateurs, lorsqu'il est
récité par une jeune actrice que le théâtre
français a enlevée au théâtre lyrique, et dont
les accens victorieux auraient suffi jadis aux
filles de Minos pour faire de Thésée un
amant constant, et d'Hippolyte un infidèle!

Les acteurs qui dans la comédie représentent des personnes de condition, n'ont pas
besoin d'une voix majestueuse, mais on veut
qu'ils l'aient noble.

Comme il est des physionomies de distinction, il est, si je puis m'exprimer ainsi, des
voix de qualité, des voix au son desquelles,
sans voir les personnes qui parlent, on juge
que ce ne sont pas des personnes du commun.
Sans doute celles de la plus haute naissance
n'ont pas plus le privilége d'avoir une voix
imposante que celui d'avoir une figure respec-
table; mais quand l'art se propose d'imiter il
est obligé de choisir ses modèles, et de ne nous
présenter dans chaque genre que les copies

des originaux les plus dignes de nous plaire.

La voix d'un comique doit être noble, s'il joue le rôle d'un homme de condition; elle doit être intéressante, s'il joue le rôle d'un amant : les armes que des inflexions touchantes fournissent au sentiment, sont encore plus puissantes que celles qu'il emprunte des expressions les plus énergiques. Les discours ne font impression sur le cœur que par le canal de l'esprit. Un parler gracieux agit directement sur le cœur. Il est des organes favorisés de la nature qui auraient le secret de nous émouvoir, quand même nous ne pourrions attacher aucune idée déterminée aux sons qu'ils proféreraient, et peut-être nous est-il arrivé d'être plus sensibles aux plaintes d'une personne dont nous ignorions la langue qu'à tout ce qu'on nous a jamais dit dans la langue que nous possédons le plus parfaitement.

S'il suffit, dans la comédie, que la voix des amans soit intéressante, il est nécessaire que celle des amantes soit enchanteresse. Nous leur désirons ces tons persuasifs avec lesquels une belle peut faire tout ce qu'elle veut du spectateur, et obtenir tout ce qu'elle exige d'un galant. Les charmes de la voix peuvent tenir lieu de plusieurs avantages. En plus d'une occasion, la séduction des oreilles l'a emporté sur le témoignage des yeux, et telle personne à qui nous refusions nos hommages lorsque nous ne faisions que la voir, nous a paru les mériter seule lorsque nous l'avons entendue. (1)

CHAPITRE II.

On demande aux amans, dans la comédie, une figure aimable, et aux héros, dans la tragédie, une figure imposante.

L'ÉLÉVATION des sentimens d'une princesse peut lui faire oublier le peu de régularité des traits d'un héros, en faveur des grandes qua-

---

(1) Un organe si séducteur n'est pas absolument nécessaire aux autres actrices; mais il faut que du moins leur voix ne blesse pas l'oreille. Les femmes ne peuvent être privées d'une grâce que nous ne soyons privés d'un plaisir, et plus elles semblent formées pour n'exciter en nous que des sensations agréables, moins nous leur pardonnons de produire un effet contraire à notre attente. La douceur de la voix est un de leurs attributs les plus ordinaires, et nous croyons que la nature fraude nos droits lorsqu'elle fait sortir d'une belle bouche des sons peu gracieux.

lités qui le distinguent. Conséquemment à ce principe, lorsque entre les rôles d'amans ou d'époux chéris un acteur tragique ne choisira que ceux avec lesquels son âge n'est pas incompatible, nous ne ferons pas le procès à cet acteur sur un extérieur peu séduisant.

Dans la comédie, ce qu'on ne croirait pas, nous sommes plus sévères. Comme elle ne nous offre rien que de commun dans les sentimens et dans les actions de ses personnages, nous n'imaginons pas que ses héros soient d'un mérite assez transcendant pour triompher du cœur sans charmer les yeux, ni ses héroïnes assez délicates pour ne point consulter du tout leurs yeux dans le don qu'elles font de leur cœur. Ainsi, à moins que l'auteur ne nous peigne une passion ridicule, nous désirons non seulement que la figure de l'amant ne démente point, mais encore qu'elle justifie la tendresse de la personne dont il est aimé. Il ne suffit pas que l'actrice nous peigne avec des couleurs vraies son amour prétendu; il faut que nous jugions cet amour vraisemblable, et que nous puissions en même temps louer l'excellence du jeu de la comédienne, et ne point blâmer le mauvais goût de l'amante.

On a beau dire que c'est à la situation de

tel personnage, et non à la personne de tel
acteur, que nous prenons intérêt; qu'ainsi il
n'a point affaire à nos yeux, mais à notre
cœur et à notre esprit; que souvent des belles
soupirent pour des hommes très peu aimables,
et que ces bizarreries ne doivent pas nous
étonner au théâtre, puisque le monde nous
en fournit tous les jours de pareilles. Peut-
être, en y réfléchissant, se rendrait-on à ces
verités; mais on ne veut point qu'à la comédie le plaisir dépende de la réflexion.

Si, lorsque le rôle suppose dans le comédien les charmes de la figure, il importe que
le comédien puisse plaire aux spectateurs qui
n'ont que des yeux, de même qu'à ceux qui
ont des oreilles et du discernement, cette condition est encore plus essentielle pour les
actrices qui jouent les rôles d'amantes aimées
et dignes de l'être. Ce n'est pas précisément
de la beauté qu'elles ont besoin. C'est de
quelque chose qui vaut mieux que la beauté,
et qui agit plus généralement et plus puis-
samment sur les cœurs; de ce je ne sais quoi,
avec lequel une femme paraît charmante, et
sans lequel elle est belle inutilement; de cet
attrait vainqueur, aussi certain de triompher
toujours que de n'être jamais bien défini.

En même temps que nous ne passons point
dans la comédie le défaut d'agrémens aux personnes qui sont supposées être avec justice
traitées favorablement par l'amour, nous exigeons dans un comédien, à qui l'auteur prête
un nom et des sentimens au-dessus du vulgaire, un dehors qui ne dégrade point son
personnage.

Quoique la nature ne proportionne pas toujours ses dons à l'éclat de la naissance, et que
souvent une physionomie fort peu respec-
table accompagne des titres fort respectés,
nous ne voyons qu'avec répugnance un acteur
d'une figure commune entreprendre de représenter une personne de condition.

Nous répugnerons encore bien plus à le
voir entreprendre dans la tragédie de passer
pour quelque grand monarque, et s'il fait
cette tentative, il nous paraîtra moins jouer
son rôle que le parodier. On n'a pas encore
oublié l'aventure d'un débutant. Il avait des
entrailles, de l'esprit et du feu, mais son
extérieur n'était rien moins qu'héroïque. Un
jour, il représenta Mithridate, et il le représenta d'une manière à satisfaire tous ses auditeurs, s'il n'avait eu pour auditeurs que des
aveugles. Dans la scène où Monime dit à ce

prince, *Seigneur, vous changez de visage!*
un plaisant cria à l'actrice : *Laissez-le faire.*
On perdit de vue sur-le-champ les talens de
l'acteur, pour ne penser qu'au peu de con-
venance qui se trouvait entre son rôle et sa
personne.

Tous les acteurs tragiques doivent avoir la
figure noble (1) : il faut que ceux qui jouent
les premiers rôles en aient une imposante ;
telle que celle d'un comédien dont j'ai déjà
fait l'éloge et la critique, et qui dans le dernier siècle a fait revivre Roscius sous les traits
d'Auguste, ou telle que celle d'un autre acteur
à qui la nature prodigua plusieurs de ses présens les plus rares, et qui a quitté le théâtre
beaucoup trop tôt pour nos plaisirs.

---

(1) La tragédie veut que chez elle tout porte le caractère de grandeur. Chez elle, il est des personnages
subordonnés, mais il n'en est point de subalternes ;
elle admet de simples confidens, mais ces confidens
sont les dépositaires des secrets de leurs souverains, et
ils partagent avec eux le soin et la gloire de gouver-
ner et de défendre les états. Il convient donc que l'extérieur de tous les acteurs tragiques, même de ceux
qui sont réduits aux emplois les moins importans, réponde à la dignité des personnes pour lesquelles ils
désirent que nous les prenions.

Non seulement il est nécessaire qu'on aper-
çoive chez les premiers tragiques cette majesté par laquelle s'annoncent les âmes supérieures, mais il importe que leur physionomie
soit douce et heureuse. La comédie n'étant
occupée que du soin de nous divertir, il n'est
pas extraordinaire qu'elle bannisse de ses jeux
tout ce qui peut s'opposer à l'effet qu'elle veut
produire. La terreur étant une des impressions que la tragédie se plaît davantage à exciter, on a plus sujet d'être surpris qu'elle
exige de ses acteurs un extérieur qui semble
contraire à ses vues. Deux réflexions font
apercevoir la raison de cette prétendue bizar-
rerie. La tragédie peut exposer à nos yeux
des actions cruelles, même barbares, mais
elles doivent être les suites de l'emportement
d'une passion violente, et non d'un penchant
naturel pour le crime. Nous consentons que
les héros tragiques soient coupables, mais
nous souhaitons de pouvoir nous persuader
qu'ils le sont malgré eux ; qu'en se livrant au
mal, ils conservent une espèce d'amour pour
le bien ; qu'ils sont entraînés dans le préci-
pice, et non qu'ils s'y jettent volontairement.
Ce n'est pas même assez pour notre délicatesse. Nous ne sommes pas contens, si nous

ne nous imaginons lire sur leur front qu'ils étaient nés pour voir leurs désirs satisfaits, et si le droit que nous leur attribuons d'être heureux, ne les excuse d'avoir voulu triompher, à quelque prix que ce fût, des obstacles qui traversaient leur bonheur.

CHAPITRE III.

Du rapport vrai ou apparent qui doit être entre l'âge de l'acteur et celui du personnage.

Un portrait, quoique estimable par la correction du dessin et par la vérité du coloris, est critiqué avec raison, s'il vieillit la personne que le peintre s'est proposée pour modèle. Un comédien, quoique ayant le jeu parfaitement vrai, ne nous plaira que médiocrement, s'il paraît trop âgé pour le personnage qu'il représente. Ce n'est pas assez qu'on ne nous montre point Iphigénie avec des rides et Britannicus en cheveux gris, nous voulons qu'on nous montre cette princesse et ce prince avec tous les charmes de la jeunesse.

Des acteurs, en ayant quelques années de plus que l'auteur n'en donne à leur personnage, pourront faire sur nous une impression plus agréable que s'ils n'étaient point dans ce cas. Pourvu qu'à l'art de bien jouer la comédie, ils ajoutent celui de faire disparaître la distance qui est entre leur âge et celui de la personne dont ils empruntent le nom, nous leur saurons d'autant plus de gré qu'ils nous procureront le plaisir d'une double illusion. Ils ne nous en feront au contraire aucune, dès que leur visage s'accordera mal avec la date de la naissance de cette personne. Bien des années avant que le comédien à qui j'ai reproché son imprudence de jouer des rôles qui ne lui convenaient plus, eût atteint la vieillesse, nos pères étaient blessés de le voir contrefaire un tendre adolescent.

Si l'on pardonne plus volontiers aux hommes qu'aux femmes de monter sur le théâtre dans un âge avancé, il leur est, d'un autre côté, plus difficile qu'à quelques unes d'entre elles d'emprunter à la fin de leur printemps l'air et les grâces de la première jeunesse. Telle comédienne touche à son automne, et n'a, quand elle veut, que seize ans sur la scène. Presque jamais notre sexe ne jouit de ce privilége.

Quelques belles, à cet égard plus favo-

risées que nous de la nature, peuvent jusqu'à
un certain âge nous cacher une partie de leurs
années. On demandera comment une actrice
s'assurera qu'elle a le droit de prétendre à cet
avantage. Je lui conseillerai de ne s'en pas
fier là-dessus à ses propres yeux. C'est de ceux
des spectateurs qu'elle doit prendre l'avis; ce
miroir ne la trompera point; elle y lira peut-
être avec douleur que la fleur de ses charmes
est passée; mais cette triste découverte sera
pour elle une utile leçon, et si elle a le chagrin
d'apprendre qu'elle ne paraît plus jeune, elle
s'épargnera le ridicule de vouloir le paraître,
lorsqu'elle ne peut plus espérer d'y réussir.

CHAPITRE IV.

Qui regarde particulièrement les soubrettes et les valets.

Pour divers rôles de suivantes, il n'importe
pas et peut-être même il est à propos que
l'actrice ne soit plus de la première jeunesse.
Pour d'autres, il est de la bienséance qu'elle
soit jeune, ou que du moins elle le paraisse.
Cela est convenable lorsque les discours peu

respectueux, tenus par la soubrette à des personnes auxquelles elle doit des égards, ou les conseils peu sages qu'elle donne à de jeunes beautés, ne peuvent avoir pour excuse qu'un grand fond d'étourderie. Cela l'est surtout lorsque, pour favoriser deux amans, elle se permet certaines démarches condamnables au tribunal d'une morale rigoureuse. Moins la soubrette aura l'air jeune, plus l'indécence sera frappante.

Une soubrette n'est pas toujours obligée d'avoir l'air jeune ; elle l'est toujours d'avoir dans la langue une extrême volubilité. Si elle est privée de cet avantage, elle fera, surtout dans les comédies de Regnard, perdre à plusieurs rôles la plus grande partie de leurs grâces.

L'air malin ne lui est pas moins nécessaire que la volubilité de la langue. Quand on remarque, dans une suivante, une physionomie simple et ingénue, on s'imagine voir Louison ou Javotte, et non Finette et Nérine.

Autant l'air malin est-il nécessaire aux suivantes, autant la souplesse et l'agilité le sont-elles aux valets. J'ai observé que, dans une pièce bien faite, tous les personnages étaient toujours en mouvement, et, pour lors, je n'employais cette expression que dans le sens figuré ; par rapport aux valets, elle doit être prise au propre ; il est essentiel que sans cesse ils amusent nos yeux aussi bien que notre esprit. De ce principe il s'ensuit qu'une taille épaisse ne leur sied pas mieux que le bégayement à une soubrette babillarde.

FIN DE LA PREMIÈRE PARTIE.

SECONDE PARTIE.

DES SECOURS QUE LES COMÉDIENS DOIVENT EMPRUNTER DE L'ART.

Il résulte des remarques contenues dans la première Partie de cet ouvrage, que peu de personnes sont en état de paraître sur la scène, et qu'il en est encore un moindre nombre à qui il convienne d'y remplir les principaux emplois. C'est à quoi la plupart des sujets qui se destinent à jouer la tragédie ou la comédie, ne font presque aucune réflexion. Souvent ils ne devraient pas plus songer à contribuer à nos amusemens, que des asthmatiques à remporter le prix de la course, et cependant ils se présentent hardiment dans la carrière.

Non seulement plusieurs y entrent sans avoir aucune des dispositions nécessaires pour y être admis, mais souvent le moindre soin de ceux qui sont doués de ces dispositions, est de les mettre à profit pour s'y distinguer. Souvent s'ils sont applaudis dans deux ou trois rôles, et s'ils ne sont pas sifflés dans les autres, ils pensent avoir tout fait pour notre satisfaction et pour leur gloire.

Nous ne pouvons nous flatter d'obliger les comédiens qui ne sont pas nés pour leur profession, d'y renoncer. Nous ne pouvons même nous flatter d'empêcher qu'elle ne soit embrassée dans la suite par beaucoup d'autres qui ne seront pas plus dignes de nous plaire. Ne nous flattons pas non plus d'inspirer une noble émulation à ceux qui ne sont touchés que d'un vil intérêt, et qui, n'ayant pas plus d'amour pour leur art que de respect pour le spectateur, viennent sur la scène se débarrasser de leur rôle, comme d'un fardeau dont ils sont impatiens de se délivrer.

En cherchant à prouver la nécessité dont il est aux acteurs, soit tragiques, soit comiques, d'avoir reçu plusieurs présens de la nature, je n'ai point écrit pour les personnes qui, persuadées, aussi bien que moi, qu'elle ne les a pas formées pour le théâtre, s'obstinent cependant à se donner en spectacle. Je me suis proposé seulement de dissiper l'erreur de celles qui croient qu'il suffit, pour être comédien, d'avoir de la mémoire, et de pouvoir parler, marcher et gesticuler.

En m'efforçant de montrer combien les

comédiens doivent étudier pour arriver à la perfection de leur art, je ne songe point à vaincre la paresse de ceux qui sont ennemis de l'application et du travail. J'ai pour objet de dessiller les yeux aux débutans qui s'imaginent qu'on peut, en se donnant une médiocre peine, jouer la comédie et même la tragédie. Je veux en même temps essayer d'indiquer à ceux qui désirent et qui peuvent espérer de jouer l'une ou l'autre avec succès, les talens dont ils ont besoin pour mériter nos suffrages.

CHAPITRE PREMIER.

En quoi consiste la vérité de la représentation.

Les fictions dramatiques nous plaisant d'autant plus qu'elles sont plus semblables à des aventures réelles, la perfection que nous désirons le plus dans la représentation, est ce qu'au théâtre on nomme *vérité*.

On y entend par ce mot le concours des apparences qui peuvent servir à tromper les spectateurs. Elles se divisent en deux classes. Le jeu des acteurs produit les unes; les autres sont étrangères à ce jeu, et elles sont l'effet de certaines modifications qui se trouvent dans le comédien, ou nous les devons au travestissement qu'il emprunte, et à la décoration de l'endroit où il joue.

Les apparences du premier genre, c'est-à-dire celles qui naissent du jeu théâtral, sont les plus importantes à l'illusion, et ce sont aussi celles dont l'examen appartient le plus intimement à mon sujet. Elles consistent dans l'observation parfaite des convenances. Le jeu d'une personne de théâtre n'est vrai qu'autant

qu'on y aperçoit tout ce qui convient à l'âge,
à la condition, au caractère et à la situation
du personnage. Vous chargerez-vous du rôle
de Licandre dans *le Glorieux ?* nous ne vous
prendrons point pour ce vieillard, si nous ne
voyons pas en vous l'air grave d'un homme
mûri par les années. Licandre est homme de
condition : vous ne lui ressemblerez point si
vous ne joignez à la gravité les manières nobles.
Il hait l'orgueil et le faste : son personnage
n'est point rendu, si vous ne conservez une
aimable simplicité, même dans les occasions
où il ne peut se dispenser de faire valoir ses
prérogatives. Enfin il est justement attristé
des malheurs de sa fille et des défauts de son
fils : l'image que vous nous présentez de lui
est fausse, si vous ne nous peignez fidèlement
le chagrin dont est affecté ce père malheureux.

Un acteur qui se propose de représenter les
effets d'une passion, ne doit donc pas, s'il
veut jouer avec vérité, se contenter d'emprunter les mouvemens que cette passion excite également chez tous les hommes. Il faut
qu'elle prenne chez lui la forme particulière
qui la distingue dans le sujet dont il entre-
prend d'être la copie. La colère d'Achille n'est
pas la même que celle de Chremès, et la dou-

leur d'Ariane est différente de celle d'une bour-
geoise qui pleure l'infidélité de son amant.

L'expression doit, ainsi que les mouvemens, varier selon le personnage. Chez un
jeune homme, l'amour éclate en transports
impétueux; chez un vieillard, il a coutume
de ne se manifester qu'avec plus de circonspection et de ménagemens. Une personne
d'un rang supérieur met dans ses regrets, dans
ses plaintes, dans ses menaces, plus de décence
et moins d'emportement qu'un homme sans
naissance et sans éducation. L'affliction cau-
sée par la perte d'un trésor se peint sur le
visage d'un avare avec des couleurs tout autrement vives que sur celui d'un prodigue, et
le glorieux ne rougit pas de la même façon
que l'homme modeste.

La vérité de l'expression dépend de la vérité
de l'action et de la vérité de la récitation.

CHAPITRE II.

De la vérité de l'action.

AVOIR l'action vraie, c'est la rendre exactement conforme à ce que ferait ou devrait faire le personnage dans chacune des circonstances où l'auteur le fait passer successivement.

Chaque scène produit quelque changement dans la position de l'acteur, et de chaque changement de position résultent diverses convenances particulières. Certaines suppositions dictent d'elles-mêmes l'action qui leur est propre. Une belle, introduite par M. de Boissy sur la scène, s'occupe (1), pour adoucir les tourmens de l'absence, à faire de mémoire le portrait de son amant. Ce jeune homme est mis par une suivante à portée de voir, sans être aperçu, de quelle manière sa maîtresse emploie ses momens de liberté. Il est évident qu'il doit naturellement se placer de sorte qu'il puisse contempler l'ouvrage de

(1) Dans la comédie intitulée *le Médecin par occasion.*

celle qu'il aime, et se cacher à ses regards ;
que, de temps en temps, entraîné par le désir
de la considérer, il s'expose involontairement
au risque d'être découvert ; qu'à chaque mouvement qu'elle fait il craint de l'être, et que,
voulant faire durer le spectacle qui l'enchante,
il reprend avec précipitation, mais avec chagrin, la situation qui peut lui en faire goûter
plus long-temps les douceurs.

Il est d'autres suppositions qui n'indiquent
pas si clairement au comédien la conduite qu'il
doit tenir ; il en est même quelques unes dans
lesquelles il peut aisément prendre le change.

Agamemnon, interrogé par Iphigénie (1)
s'il lui permettra d'assister au sacrifice qu'il
prépare, répond à cette princesse : *Vous y
serez, ma fille.* Plusieurs acteurs croiront ajouter du pathétique à cette situation, en fixant
tendrement leurs regards sur Iphigénie, et
cette action sera contraire à la vraisemblance,
parce qu'Agammemnon aurait sans doute, en
adressant ce discours à sa fille, détourné les
yeux, afin qu'elle n'y lût point la mortelle
douleur dont il avait le cœur déchiré.

Après avoir été long-temps en butte à la

(1) *Iphigénie,* acte II, scène II.

vengeance de Vénus et de Neptune, Ulysse revient enfin dans l'île d'Ithaque. Touché des sentimens de son fils, il se découvre à ce prince (1).
Le fidèle Eumée est témoin de cette scène at-
tendrissante. D'abord on est porté à penser
que le premier mouvement de l'acteur qui
représente Télémaque doit être de se jeter
aux pieds d'Ulysse, et de s'abandonner à toute
la joie de retrouver un père. En y réfléchissant,
on changera de sentiment. Ulysse n'a jamais
été vu de Télémaque; et celui-ci, pour ajouter
foi aux discours d'un inconnu, doit naturellement attendre qu'Eumée lui en confirme la
vérité. Le jeu sera donc plus vrai si l'acteur
commence par ne montrer qu'une surprise
respectueuse, et s'il affecte ingénieusement un
air indécis, jusqu'à ce qu'une personne dont
la fidélité ne lui est pas suspecte lui annonce
qu'il parle à son père et à son roi.

Ces exemples prouvent combien l'action
vraie est quelquefois éloignée de celle qui se
présente la première à l'esprit des acteurs. Le
dernier prouve en même temps combien il
leur est nécessaire de ne pas seulement donner leur application à l'action dont ils doivent

_____

(1) *Pénélope*, acte IV, scène VI.

accompagner les discours que l'auteur met dans leur bouche. En plusieurs occasions leur silence doit être aussi éloquent que leurs paroles, et souvent ils ont plus à faire en se taisant que lorsqu'ils ont des vers pompeux à débiter. Sans le jeu muet de l'actrice qui, depuis quelque temps, a pris le rôle de Pénélope dans la tragédie que je viens de citer, le tableau de la reconnaissance d'Ulysse et de son épouse aurait-il fait une si vive impression sur les spectateurs ? On ne se lassait point d'admirer la gradation insensible avec laquelle cette actrice se tournait vers le prétendu étranger, à mesure qu'elle se persuadait davantage que la voix qu'elle entendait était celle dont les sons avaient un si grand empire sur son cœur.

La difficulté d'observer toutes les nuances qui constituent la vérité de l'action se fait particulièrement sentir dans les situations implexes. J'appelle de ce nom celles où le personnage est obligé de satisfaire à des intérêts opposés. L'Isabelle de *l'École des Maris* est dans ce cas lorsqu'entre Sganarelle et Valère (1), feignant d'embrasser le premier, et

_____

(1) Acte II, scène IX.

donnant la main au second, elle adresse à
l'un des discours qu'elle ne destine que pour
l'autre. Une comédienne qui joue ce rôle a
besoin d'une grande précision pour que les
spectateurs n'aient pas à lui reprocher d'être
trop peu circonspecte avec son jaloux, ou
trop peu tendre avec son amant.

Certains rôles exigent des nuances encore
plus délicates : ce sont ceux dans lesquels,
tandis que le personnage est occupé de deux
intérêts différens, l'acteur doit remplir vis-
à-vis des spectateurs un objet contraire à celui
qu'il doit remplir vis-à-vis des personnages
mis avec lui en action. Le rôle de courtisan
dans *le Bourgeois Gentilhomme* est de ce
nombre. Il importe à Dorante de cacher à la
marquise que M. Jourdain fait la dépense de
la fête qu'elle a consenti d'accepter. Il n'importe pas moins à notre homme de cour de
faire ignorer à M. Jourdain que la marquise
ne le regarde que comme un complaisant qui
veut bien prêter sa maison. Le courtisan le plus
délié n'emploierait que difficilement en cette
occasion tout l'air de vérité dont il faudrait
qu'il usât pour ne point se trahir. Le comédien doit non seulement emprunter cet air de
vérité, mais remplir deux objets en appa-

rence contradictoires. D'un côté, il est essentiel qu'il ne lui échappe rien qui puisse décéler
à la marquise et à M. Jourdain la tromperie
qu'on leur fait ; de l'autre, il faut que les
spectateurs découvrent chez lui l'embarras
que Dorante éprouve dans une situation si
critique.

Lorsqu'on fait attention à la difficulté de
rendre divers rôles des comédies de Molière,
on ne doit pas être surpris que ces pièces si
dignes d'admiration attirent si rarement des
spectateurs. Elles cesseraient bientôt d'être
représentées dans la solitude si elles étaient
données moins souvent sur la scène, et si
toutes les personnes qui y prennent des rôles
les jouaient avec toute la perfection qu'ils
demandent (1). On dit que le public veut des
nouveautés : c'en serait là une des plus extraordinaires.

_____

(1) Les comédiens peuvent se rappeler que *l'Ecole
des Femmes*, représentée par Baron et par l'élite des
acteurs et des actrices qui ont joué la comédie avec
lui lorsqu'il est remonté sur le théâtre, leur a valu
de suite plusieurs chambrées complètes.

CHAPITRE III.

Remarques sur les deux parties essentielles à la vérité de l'action.

De même que l'action et la récitation composent l'essence de l'expression, la vérité du jeu des traits et celle de l'attitude, du maintien et du geste, forment la vérité de l'action.

Pour que le jeu de vos traits paraisse vrai à tous les spectateurs, il ne suffit pas que la passion dont vous voulez nous offrir l'image puisse se peindre dans vos yeux; il faut qu'elle puisse s'y peindre avec vivacité. Sur la scène une physionomie qui n'exprime que faiblement, est mise presque au même rang que celle qui n'exprime point; même tel degré d'expression capable de nous toucher ailleurs, ne l'est pas de nous frapper dans la représentation. Les tableaux présentés par le théâtre ne sont vus que d'une certaine distance par la plus grande partie des personnes qui sont au spectacle. Ils ont besoin de traits marqués et d'une force de touche dont peuvent se passer ceux qui sont destinés à être regardés de près.

Il faut que les passions se peignent avec vivacité sur le visage du comédien. Il ne faut pas qu'elles le défigurent. Toute actrice ne peut avoir les avantages d'une que nous regretterons tant que les appas et les talens auront droit de nous plaire; qui n'a paru, pour ainsi dire, qu'un instant sur la scène, et qui semble s'y être montrée seulement pour nous consoler de la mort de Mlle Le Couvreur. Il n'est pas donné à toute personne de théâtre d'avoir une de ces physionomies privilégiées que les passions, même chagrines, embellissent, et qui charment toujours sous quelque forme qu'elles se déguisent; mais du moins sommes-nous fondés à prétendre qu'on ne nous représente pas la colère avec des convulsions, et qu'on ne nous rende pas l'affliction hideuse au lieu de la rendre intéressante.

Ordinairement on ne tombe dans ces défauts que parce qu'on n'est pas véritablement irrité ou attendri, selon que l'exige la situation du personnage. Eprouvez-vous fortement l'une de ces impressions? elle se peindra sans effort dans vos yeux. Etes-vous obligé de donner la torture à votre âme pour la tirer de sa léthargie? l'état forcé de votre intérieur se remarquera dans le jeu de vos traits, et vous ressemblerez plutôt à un malade travaillé de quelque accès étrange qu'à un homme agité d'une passion ordinaire.

Quelquefois aussi la physionomie d'un acteur peut n'être propre que pour exprimer certaines affections de l'âme. Il est des visages tristes qui semblent n'être destinés qu'à verser des larmes et à en faire répandre. Il est des visages faits pour représenter la joie et pour l'inspirer. Sur les premiers, la gaîté ne rira jamais que d'une façon contrainte ; la tristesse sur les seconds sera toujours déplacée, et on l'y prendra pour une étrangère qui veut s'établir dans un pays dont tous les habitans sont ses ennemis.

La vérité de l'attitude, du maintien et du geste n'importe pas moins à la vérité de l'action que la vérité du jeu des traits. Ce qui regarde l'attitude et le maintien a été suffisamment développé dans les deux Chapitres précédens. Évitons les longueurs, et contentons-nous de faire quelques observations sur les gestes.

Ils ont une signification déterminée, ou ils ne servent qu'à ajouter de l'âme à l'action.

Avec ceux de la première espèce. nous pouvons faire connaître les mouvemens qui nous agitent, et produire chez les spectateurs les sentimens que nous avons dessein de leur inspirer. Au défaut de la parole, par le secours de ces signes, nous peignons nos désirs, nos craintes, notre satisfaction, notre dépit; nous supplions, et nous obtenons nos demandes; nous nous plaignons, et nous forçons les autres de prendre part à nos infortunes; nous menaçons, et nous excitons la terreur. Ces signes ne sont point arbitraires; ils sont institués par la nature elle-même, et communs à tous les hommes. C'est une langue que nous parlons tous sans avoir besoin de l'apprendre, et par laquelle nous nous faisons entendre de toutes les nations. L'art chercherait en vain à la rendre plus intelligible et plus énergique; il ne peut tout au plus que la polir et l'orner; il enseigne seulement aux comédiens à ne s'en servir que de la manière convenable aux rôles qu'ils jouent.

Il les instruira, par exemple, que le comique noble demande beaucoup moins de gestes passionnés que le comique du genre opposé. On devine d'où vient cette différence.. La nature, livrée à elle-même, a des mouvemens moins mesurés que lorsqu'elle est retenue par le frein de l'éducation. Les gens du grand monde ont les mêmes passions que le peuple ; mais chez eux les passions sont hypocrites, et elles affectent un air modéré et raisonnable. Un seigneur a pour l'ordinaire un dépit tranquille. Lucas, dans sa colère, s'agite, renverse table et siéges, bat sa femme et ses enfans.

L'usage fréquent des gestes passionnés n'étant point admis dans le comique noble, devrait l'être encore moins dans le tragique. Autant un seigneur est au-dessus d'un homme du peuple, autant un héros est-il au-dessus d'un homme qui n'est que seigneur. Si celui-ci est tenu de garder un certain respect pour son rang, c'est un devoir bien plus indispensable pour l'autre de soutenir par un extérieur grave la haute idée qu'on a de son caractère.

Cependant la tragédie dans diverses scènes, particulièrement dans celles de tendresse, et dans quelques-unes de grands mouvemens, tolère, exige même la multiplicité, non seulement des gestes destinés à peindre les affections de l'âme, mais encore de ceux qui n'ayant aucune signification ne servent qu'à rendre l'action plus animée. (1)

Ceux de cette dernière classe sont plus subordonnés à l'art que ceux de la première. Il leur prescrit diverses règles. Ce n'est ici le lieu de parler que de celles qui ont rapport à la vérité de l'action. Voici les plus importantes :

On veut que les gestes, même lorsqu'ils n'expriment rien, aient un air d'expression, et surtout qu'ils ne sentent point l'étude. Dans les rôles faits pour intéresser, ils doivent toujours être nobles. Non seulement dans ces rôles, mais dans quelque rôle que ce soit, il importe qu'ils soient variés; autrement ils paraîtront des tics de l'acteur, plutôt que des effets des impressions produites chez le personnage par ses différentes positions.

A ces règles on peut en ajouter une autre. Le comédien en général doit user plus ou

---

(1) Il n'est point douteux que la tragédie, dans quelques scènes de grands mouvemens, n'exige beaucoup de gestes : peut-être, dans plusieurs scènes de tendresse, en exige-t-elle moins que les acteurs tragiques n'ont coutume d'en employer.

moins de gestes de toute espèce, selon le caractère de sa nation. En France il doit gesticuler beaucoup moins qu'en Italie.

N'omettons pas une dernière remarque.
Quelques personnages comiques ayant été
inventés par le caprice (1), n'ont point à certains égards de modèles parmi les hommes
que nous connaissons. Pour juger l'acteur qui
représente ces personnages, notre objet de
comparaison est presque toujours l'acteur qui
les représentait précédemment avec succès. Il
est de votre intérêt dans les rôles de ce genre
de ne pas trop différer de l'homme dont vous
prenez la place. Peut-être, pour plaire autant que lui à la plupart des spectateurs, fau-
drait-il avoir même jusqu'à ses défauts; plus
votre jeu sera semblable au sien, plus vous
paraîtrez jouer avec vérité.

_____

(1) Tels sont les rôles de Crispin, de Pourceau-
gnac, etc.

CHAPITRE IV.

De la vérité de la récitation.

INUTILEMENT l'action d'une personne de théâtre est-elle vraie si sa récitation ne l'est pas, et sur la scène française il ne sert de rien de séduire les yeux lorsqu'on ne séduit pas les oreilles.

Divers passages des anciens semblent ne pas laisser lieu de douter que la déclamation de leurs ouvrages dramatiques ne fût notée et mesurée. Ce dont je doute, c'est que cette méthode ajoutât quelque perfection au jeu théâtral.

Si les tons auxquels les comédiens étaient assujettis étaient ceux de la musique (1), la déclamation était un chant, et les comédiens se trouvaient absolument dans le même cas que les acteurs de nos théâtres lyriques. Or, on ne voit pas qu'un rôle, pour être chanté,

---

(1) M. l'abbé de Condillac, dans son Livre intitulé *Essai sur l'origine des Connaissances humaines,* est de ce sentiment.

en soit toujours mieux joué. J'avoue que la
note ne laissant pas au chanteur la liberté
de choisir ses tons, il ne peut comme le comédien se tromper sur ce choix; mais le jeu
théâtral n'y gagnerait qu'autant que la musique par elle-même aurait des moyens dé-
terminés pour exprimer les différentes passions. C'est ce dont plusieurs philosophes ont
de la peine à convenir; ils accordent que le
beau récitatif a pour base la déclamation,
mais ils soutiennent qu'il n'a de véritable expression que celle qu'il emprunte de la voix,
et l'expérience montre que le même air peut
convenir à des paroles de caractère fort différent; d'ailleurs quelque expressive que pût
être la musique, quelque parfaitement qu'elle
puisse être rendue par l'acteur chantant, on
ne se persuadera point qu'une scène chantée
fasse la même illusion qu'une scène dans laquelle les acteurs parlent de leur ton naturel.

Feu M. l'abbé Dubos a prétendu (1) que
les tons prescrits aux comédiens grecs et
romains par les notes qui leur servaient de
guides, étaient non des tons harmoniques,
mais ceux de la conversation ordinaire.

_____

(1) *Réflexions sur la Poésie et sur la Peinture.*

Quoique j'aie pour les décisions de ce savant académicien la déférence qui leur est due, je ne puis souscrire à son opinion ; elle suppose qu'il est possible d'apprécier les tons de la seconde espèce (1), et M. l'abbé de Condillac a savamment démontré qu'ils ne sont point appréciables; elle suppose aussi qu'il n'y a qu'un ton vrai pour chaque sentiment, et ce principe n'est pas plus recevable pour ce qui regarde la déclamation que pour ce qui regarde la musique. Comme tous les hommes ont chacun une voix différente, ils ont aussi chacun des inflexions qui leur sont propres pour manifester les impressions qu'ils éprouvent.

Sans doute les diverses inflexions qui naissent de la même impression ont quelque chose de commun, mais elles diffèrent nécessairement selon les différens organes, de même que l'accent commun à une même nation se varie à l'infini chez les différentes personnes dont elle est composée. De plus, elles diffèrent selon les différens caractères. La colère de certains hommes est un tonnerre qui souvent produit plus de terreur que de ravage; celle de

_____

(1) Apprécier un ton, c'est évaluer ses rapports avec d'autres tons donnés.

quelques autres est un feu caché sous la
cendre, lequel ne jette point de flammes, mais
qui est d'autant plus dangereux qu'il avertit
moins de l'incendie qu'il est prêt à causer.

On ne doit donc pas s'attendre que je traite
méthodiquement l'art de réciter avec vérité :
il faudrait pour cela donner autant de règles
qu'il y a de diverses espèces de voix et de
différentes manières d'éprouver la même impression. Toutes les leçons qu'on donnerait
sur cet art ne seraient jamais d'ailleurs du
même secours que l'étude du jeu de l'excel-
lente actrice qui nous a tant fait répandre de
pleurs sur le sort de Mérope, et qui presque
toujours paraît emprunter le génie de l'auteur
auquel elle prête sa voix et l'âme de l'héroïne
qu'elle représente.

Le moyen le plus sûr que pourraient avoir
des comédiennes pour ne nous faire jamais
entendre que des tons vrais, serait de copier
fidèlement ceux de cette actrice, lorsqu'elles
jouent les rôles dans lesquels elle se fait admirer. Par malheur c'est une chose impossible, et il ne nous est pas plus facile, dans
un discours suivi, de nous approprier toutes
les inflexions d'une personne, qu'il ne nous
l'est de nous servir, avec continuité, d'un ac-

cent qui ne nous est pas naturel. Tout ce
qu'on peut faire, c'est d'imiter, avec le plus
de perfection dont on est capable, certaines
intonations heureuses des grands acteurs. Du
reste, c'est à la nature elle-même à dicter
celles qui sont les plus convenables, et le sentiment est le seul maître qui puisse enseigner
les secrets de cette éloquente magie des sons,
par laquelle on excite chez les auditeurs les
mouvemens dont on veut qu'ils soient agités.

De ces secrets, le principal est de ne point
employer indifféremment des tons qui, à
peu près semblables en apparence, doivent
cependant être distingués. Les tons peuvent
être rangés sous différens genres, qui com-
prennent plusieurs espèces, de même que
chaque couleur primitive se divise en plusieurs nuances. On regarde, par exemple, le
ton fier (1) et le ton orgueilleux, comme ap-

(1) Quelqu'un pourrait croire que je me contredis
ici, et qu'après avoir soutenu qu'il y a plusieurs tons
vrais pour la même impression, je n'en admets qu'un
pour exprimer la fierté. Il est à propos d'avertir que
je prends collectivement l'expression dont je me sers,
et que, quoique j'emploie le singulier, j'entends par
ton fier tous les tons propres à peindre le sentiment
dont il est question. Le lecteur fera, s'il lui plaît, la

partenans à un même genre; mais ces tons
diffèrent évidemment entre eux. Par le premier, nous ne marquons souvent que le juste
sentiment que nous avons de notre dignité.
Nous faisons toujours connaître par le second
que nous portons ce sentiment beaucoup plus
loin qu'il ne doit s'étendre. Quoique le ton
naïf et le ton ingénu soient aussi des espèces
d'un même genre, on aurait tort de prendre
l'un pour l'autre : l'un est celui d'une personne qui, n'ayant pas l'esprit ou la force de
cacher ses idées et ses sentimens, laisse échapper les secrets de son âme, même lorsqu'elle
a intérêt ou qu'elle désire de les faire ignorer;
l'autre est le signe de la candeur plutôt que
de la sottise et de la faiblesse. Il est le lot des
personnes qui seraient assez adroites ou assez
maîtresses d'elles-mêmes pour déguiser leur
façon de penser ou de sentir, mais qui ne
peuvent se résoudre à trahir la vérité.

Quelques tons appartiennent en même
temps à plusieurs genres. L'ironie peut être
également dictée par la colère, par le mépris,
par le simple enjouement; mais le ton ironi-

même supposition pour les autres tons indiqués dans
la suite de ce Chapitre.

que qui convient à l'un de ces sentimens ne
convient pas aux deux autres. L'amour et
l'amitié parlent à certains égards une langue
commune. Cependant leur ton n'est pas le
même. L'amitié elle-même a plusieurs tons :
celui de la tendresse d'un père pour un fils
diffère de celui d'un ami pour son ami.

CHAPITRE V.

*Quelle doit être la manière de réciter dans la
comédie.*

A l'exception d'un très petit nombre d'endroits dans lesquels, pour égayer les spectateurs, on peut employer une déclamation
ridicule, rien dans la comédie ne doit être
déclamé. C'est en général une loi indispensable pour les acteurs comiques, de réciter de
la même manière dont ils parleraient hors du
théâtre, s'ils étaient dans la même situation
où se trouve leur personnage.

Dans les comédies écrites en prose, ils n'ont
pas de peine à se conformer à cette règle.
Cela leur est plus difficile dans les comédies
écrites en vers : ils devraient par cette raison

désirer de n'avoir jamais que de la prose à
débiter. Cependant, quoique souvent dans des
troupes entières de comédiens il ne se trouve
pas une seule personne qui sache dire des vers,
les acteurs préfèrent les pièces versifiées,
parce qu'ils les apprennent et les retiennent
plus facilement. La plupart des spectateurs
donnent aussi la préférence à ces pièces. Il
n'est pas de mon sujet d'examiner si le langage
de la poésie convient à la comédie, et dans
quel cas elle peut se le permettre. Je remar-
querai seulement qu'elle s'en servirait beaucoup moins fréquemment si elle n'était pas
obligée d'avoir plus continûment de l'esprit
en prose qu'en vers; que la mesure et la rime
diminuent nécessairement l'air de vérité du
dialogue, et que les acteurs comiques ne peuvent par conséquent trop s'attacher à rompre
l'une et à faire disparaître l'autre.

CHAPITRE VI.

La tragédie demande-t-elle d'être déclamée?

PEUT-ÊTRE de toutes les questions sur l'art du comédien n'en est-il aucune sur laquelle on soit moins d'accord. Les opinions ne sont partagées que parce qu'on se forme différentes idées de la *déclamation*, et parce que plusieurs personnes la prennent pour cette récitation ampoulée, pour ce chant aussi déraisonnable que monotone, qui, n'étant point dicté par la nature, étourdit seulement les oreilles, et ne parle jamais ni au cœur ni à l'esprit. (1)

Une telle déclamation doit être bannie de la tragédie; mais en avançant que les vers tragiques ne peuvent être récités trop naturellement, les connaisseurs n'ont garde de proscrire la majesté du débit, lorsqu'il est à propos de l'employer. Il faut éviter avec soin

---

(1) Autrefois cette façon vicieuse de jouer les pièces tragiques a été plus commune qu'elle ne l'est aujourd'hui. Nous sommes redevables de ce changement à Baron et à mademoiselle Lecouvreur.

la récitation trop fastueuse, toutes les fois qu'il
ne s'agit que d'exprimer des sentimens : il
faut l'éviter aussi dans les récits simples et
dans les discours de pur raisonnement. En
plusieurs autres occasions, le débit pompeux est admis et même nécessaire. Par
les mêmes raisons pour lesquelles des personnes qui dans la comédie désapprouvent
les vers, ne les trouvent point déplacés dans
la tragédie, nous voulons en général dans la
seconde une prononciation plus imposante
que dans la première. Lorsqu'on nous lit un
ouvrage, nous ne sommes pas contens si le
lecteur ne règle pas son ton sur la nature de
ce qu'il lit, et nous passons même dans la
conversation le ton oratoire, dès que l'importance et la gravité du sujet ne sont pas au-
dessous de ce ton. La majesté de plusieurs
morceaux des pièces tragiques exige donc
que les acteurs les débitent majestueusement.
D'ailleurs la pompe du débit nous blesse d'autant moins que la supériorité du personnage
est plus marquée. Regardant les anciens héros
avec respect, et presque comme des hommes
d'une autre espèce que nous, nous ne sommes
point surpris qu'ils prennent de temps en
temps un ton supérieur au ton ordinaire.

Le débit pompeux est surtout convenable pour certains endroits des tragédies dont les événemens sont empruntés des temps fabuleux. Sans doute, dans ces pièces il ne faut pas plus que dans les autres outrer la nature, mais il faut nous la montrer avec toute sa magnificence. Une puissante magicienne, telle que Médée, est supposée avoir quelque chose au-dessus de l'humain. Quand elle ne veut que rappeler un époux volage, elle peut et doit parler comme les autres femmes ; quand elle évoque la triple Hécate, quand avec ses dragons ailés elle traverse les airs, elle doit tonner.

CHAPITRE VII.

De quelques uns des obstacles qui nuisent à la vérité de la récitation.

Un des principaux est l'habitude qu'ont plusieurs personnes de théâtre de forcer leur voix. Dès qu'on ne parle pas de son ton naturel, on ne peut que difficilement jouer avec vérité. (1)

(1) Ajoutez que si l'on a quelque imperfection dans

La monotonie est un autre obstacle qui empêche la récitation d'être vraie. Il y a trois sortes de monotonie, la persévérance dans la même modulation, la ressemblance des chutes finales, et la répétition trop fréquente des mêmes inflexions. Le premier de ces défauts est également commun parmi les acteurs tragiques et parmi les comiques. Plusieurs sont montés constamment au même ton, ainsi que ces instrumens dont on se sert pour instruire certains oiseaux à siffler. Les acteurs tragiques sont plus sujets que les comiques au second défaut : ils ont coutume de finir chaque phrase à l'octave en bas. Plus d'une actrice qui pouvait obtenir un rang distingué dans la tragédie, n'y paraît que médiocre aux connaisseurs par cette uniformité. Rarement a-t-on lieu de reprocher aux acteurs comiques la troisième espèce de monotonie ; mais les tragiques ont beaucoup de peine à s'en garantir. La nécessité dans laquelle ils sont de temps en temps de prononcer majestueusement une longue suite de vers, les expose à cet inconvénient.

---

l'organe, elle devient plus sensible. Telle voix qui dans son *medium* n'est point désagréable, devient, lorsqu'elle en sort, insupportable à l'oreille.

Ce serait faire injure même aux plus novices
que de les avertir d'éluder, autant qu'il est
possible, le repos de la césure. Il n'est un
écueil que pour les comédiens qui, sans jugement et sans goût, sont plus attentifs au
nombre des syllabes qu'à la marche et à la
liaison des idées ; mais comme la poésie est la
langue naturelle de la tragédie, les acteurs
tragiques ne sont point obligés, comme les
comiques, de faire toujours disparaître la
rime. Pour l'ordinaire même, quand ils le
voudraient, ils ne le pourraient pas. La suspension marquée du sens les contraint fréquemment de s'arrêter à la fin de chaque vers,
et cela produit une espèce de chant. On y
remédie en abrégeant ou en prolongeant la
suspension selon les circonstances, en ne pro-
nonçant point les vers dans des temps égaux,
et en ayant l'habileté de réciter avec simplicité ceux qui ne doivent point être débités
avec pompe.

Nous pouvons aussi compter, au nombre
des causes de la fausse récitation de certains
acteurs, leur goût dominant pour une manière particulière de jouer. Souvent ceux qui
ont l'art de toucher veulent porter partout
cet art, et parce qu'ils ont de la grâce à ré-

pandre des larmes, ils sont toujours dans le ton pleureur. En vain la tendresse a-t-elle plusieurs caractères; ces acteurs n'ont jamais que la même façon de l'exprimer. Ne montrant que de la mollesse et de l'afféterie, où il faudrait montrer de la force et de la dignité, ils poussent des soupirs lorsqu'on leur demande de mâles transports, et ils se plaignent en bergers lorsqu'il serait question de se plaindre en rois.

D'autres, plus sensibles que judicieux, ne savent point modérer à propos les mouvemens qu'excite en eux la principale situation de leur personnage. Ils emploient dans toutes les scènes la même véhémence, et pour donner plus d'énergie à leur jeu, ils y mettent moins de vérité. Quelque violent que soit l'amour d'Énée pour Didon, ce héros ne doit point vis-à-vis de son confident, même en lui parlant de ses feux, faire éclater la même vivacité que vis-à-vis la reine de Carthage. Pénélope est sans doute plongée dans une profonde tristesse jusqu'au retour d'Ulysse; mais une actrice spirituelle s'apercevra que la tragédie de l'abbé Genest diffère des autres tragédies. Plus cette pièce approche de sa fin, plus les alarmes de l'héroïne dimi-

nuent. Dans le premier acte, Pénélope a tout
à la fois à pleurer l'absence d'un fils et celle
d'un époux. Le premier lui est rendu au second acte. Peu après avoir recouvré Télémaque, elle apprend qu'Ulysse respire encore. Lorsqu'elle ne craint plus que l'infidélité de son époux, sa douleur ne doit point
parler du même ton que lorsqu'elle appré-
hendait pour les jours de ce prince.

Il n'est pas ordinaire que les personnes qui
possèdent leur art tombent dans les fautes
dont nous venons de parler; mais quelquefois au lieu d'emprunter les sentimens de leur
personnage, elles lui prêtent leur propre manière de sentir. Jusqu'à présent peu d'actrices ont fait parler Chimène du vrai ton
qui lui convient. En représentant ce personnage les unes donnent trop d'avantage à
l'amour sur la nature, les autres en donnent
trop à la nature sur l'amour. Dans leur bouche
la maîtresse du Cid n'est qu'amante, ou elle
ne l'est pas assez. Selon que, dans une situation pareille à la sienne, elles se laisseraient
plus entraîner par leur passion pour leur
amant ou par le tendre respect pour le souvenir d'un père que cet amant aurait privé de

la vie, elles font de leur héroïne ou une fille sans naturel, ou une froide amante chez qui la réflexion règle tous les mouvemens du cœur. Ce n'est plus cette Chimène également vertueuse et passionnée, désolée par la mort d'un père, et tyrannisée par son amour pour Rodrigue, assez courageuse pour demander la mort de ce jeune guerrier, mais trop tendre pour ne pas craindre de l'obtenir.

Si le jeu des personnes qui possèdent leur art n'est pas toujours vrai, combien de contre-sens ne remarquera-t-on point dans le jeu de celles qui ne sont point exercées, surtout de celles qui sont privées de la culture que donnent la fréquentation et l'étude du grand monde! Dans la seconde scène de la tragédie de *Britannicus*, des comédiens débiteront convenablement le premier discours que Burrhus tient en abordant Agrippine. Ils copieront sans peine le ton respectueux avec lequel il répond à cette princesse,

> César pour quelque temps s'est soustrait à nos yeux.
> Déjà par une porte au public moins connue,
> L'un et l'autre consul vous avaient prévenue,
> Madame; mais souffrez que je retourne exprès....

Ignorant l'art de faire changer un discours

de nature par la manière de le prononcer, ils
échoueront dans les vers suivans :

> Je ne m'étais chargé, dans cette occasion,
> Que d'excuser César d'une seule action;
> Mais puisque, sans vouloir que je le justifie,
> Vous me rendez garant du reste de sa vie,
> Je répondrai, Madame, avec la liberté
> D'un soldat qui sait mal farder la vérité.
> Vous m'avez de César confié la jeunesse,
> Je l'avoue, et je dois m'en souvenir sans cesse;
> Mais vous avais-je fait serment de le trahir,
> D'en faire un empereur qui ne sût qu'obéir?
>
> . . . .
>
> De quoi vous plaignez-vous, Madame? On vous révère;
> Ainsi que par César on jure par sa mère.
> L'empereur, il est vrai, ne vient plus chaque jour
> Mettre à vos pieds l'empire, et grossir votre cour;
> Mais le doit-il, Madame? . . . .
>
> . . . .
>
> Vous le dirai-je enfin? Rome le justifie.
> Rome, à trois affranchis si long-temps asservie,
> A peine respirant du joug qu'elle a porté,
> Du règne de Néron compte sa liberté.

Pour rendre ces vers avec toute la vérité
qu'ils demandent, le comédien avec les spectateurs d'un certain ordre aurait besoin de
la même finesse d'esprit et de sentiment qui
aurait été nécessaire à Burrhus avec Agrippine. Si vous n'employez pas le ton ferme
qui convient au caractère de ce ministre,

toute la force du discours et par conséquent
sa principale beauté s'évanouit. Si en em-
ployant ce ton vous ne faites pas sentir les
égards que Burrhus doit à la mère de son
empereur, ce discours devient trop dur. On
aime à retrouver dans le gouverneur de Néron
la noble candeur d'un militaire qui n'a point
appris à la cour l'art criminel de flatter ; mais
on serait blessé de ne pas reconnaître en lui
la prudence d'un courtisan qui, au moment
même qu'il consent de s'exposer à déplaire,
s'efforce de déplaire le moins qu'il lui est
possible. On veut qu'il soit sincère, mais en
même temps on veut qu'il soit adroit. On
trouve bon qu'il fasse entrevoir à Agrippine
qu'elle a cessé de régner, mais il convient
qu'en annonçant à cette princesse qu'il n'a
plus la même soumission pour ses volontés,
il conserve le même respect pour sa personne.

Ce que nous attendrions de Burrhus nous
l'attendons du comédien. Nous exigeons qu'il
récite les six premiers vers avec la modeste
retenue d'un homme que la nécessité seule
détermine à dire la vérité, et non avec l'emportement d'un censeur atrabilaire qui la dit

par humeur. Nous désirons surtout qu'il diminue par l'adoucissement de sa voix l'aprêté de ce discours :

> Mais vous avais-je fait serment de le trahir,
> D'en faire un empereur qui ne sût qu'obéir?.

Dans les vers suivans, qu'il ait moins de circonspection, à la bonne heure ; mais qu'il se souvienne du rang d'Agrippine lorsqu'il ajoute : *De quoi vous plaignez-vous, madame?* Qu'à cet endroit, *Mais le doit-il*, etc., il s'attache particulièrement à paraître avoir pour objet de persuader cette princesse, non de l'offenser ; de prouver l'injustice de ses prétentions, non de les tourner en ridicule. Les derniers vers sont les plus embarrassans, parce qu'ils contiennent une satire piquante du gouvernement de la mère de Néron. On peut leur donner un air moins injurieux en empruntant le ton d'un sujet zélé qui ne les prononce qu'avec regret, et en ayant attention avant et après ces mots : *Vous le dirai-je enfin?* d'affecter d'être incertain si l'on continuera de parler.

~~~~~~

CHAPITRE VIII.

Avec quelle perfection il faudrait que les pièces fussent sues des comédiens, pour être jouées avec une entière vérité.

Plus nous avançons dans l'examen de l'art de représenter les ouvrages dramatiques, plus on reconnaît combien l'esprit de discussion et d'analyse est nécessaire aux acteurs. On doit reconnaître en même temps combien ils ont besoin non seulement que jamais leur mémoire ne se trouve en défaut, mais encore qu'elle ne paraisse pas leur fournir les discours que nous admirons dans leur bouche.

Assez souvent, dans les pièces italiennes, les comédiens, remplissant leurs scènes à l'impromptu, nous font acheter un trait plaisant par plusieurs discours qui le sont fort peu. Cependant nous voyons ces pièces avec plaisir, parce que la vérité de la représentation nous dédommage de ce que nous perdons du côté de l'élégance du dialogue. Si nous entendons des choses moins bien dites, elles le sont du moins d'une manière plus propre à nous

faire illusion. Il n'est pas douteux que les ouvrages dramatiques, écrits par un homme de
génie, ne soient de beaucoup préférables à
de simples canevas, lorsque les premiers
seront sus avec toute la perfection nécessaire.
Mais nos pères n'ont point vu ce prodige;
selon les apparences, il n'est pas réservé à
notre siècle; nous sommes condamnés à ne
jouir au Théâtre-Français que d'un plaisir im-
parfait, par la faute de quelques acteurs que
leur mémoire infidèle ou chancelante sert mal
ou ne sert que difficilement.

La principale attention du comédien, je
l'ai dit plusieurs fois, doit être de ne nous laisser apercevoir que son personnage. Comment
y réussira-t-il s'il ne nous cache avec soin qu'il
ne fait que nous répéter ce qu'il a appris?
Disons plus : comment, lorsque sa mémoire
travaille, pourra-t-il nous faire apercevoir
même le simple comédien? Si la course des
eaux destinées à former, par leur élévation
ou par leur chute, l'embellissement d'une
fontaine, est retardée par quelque obstacle
dans les canaux qui doivent les distribuer, les
jets et les cascades ne produisent que la moindre partie de leur effet : si les discours ne se
présentent pas rapidement à l'acteur, à me-

sure qu'il en a besoin, il ne peut presque faire aucun usage de ses talens.

Les discours se présentent même trop tard, s'il ne se les rappelle que lorsqu'il en a besoin. Il faut que sa mémoire embrasse d'un seul coup d'œil tout ce qu'il doit dire dans le moment actuel, même tout ce qu'il dira dans la scène entière, pour qu'il puisse régler ses mouvemens, ses tons et son maintien, non seulement sur le discours présent, mais encore sur celui qui va suivre.

Je vais plus loin, et je déclare aux comédiens qu'il ne leur suffit pas de savoir ainsi leurs rôles, mais qu'ils doivent savoir, du moins en partie, les rôles des autres acteurs avec lesquels ils sont en scène. Presque toujours au théâtre, avant de rompre le silence, on doit préparer son discours par quelque action, et le commencement de cette action doit précéder de plus ou moins d'instans le discours, selon les circonstances. Quand on ne sait que la dernière ligne (1) du couplet au-

---

(1) Les comédiens, afin d'être avertis des instans où ils doivent prendre la parole, ont coutume d'apprendre les derniers mots de chacun des couplets de l'acteur qui leur parle.

quel on doit répondre, on est exposé souvent au risque de ne pas donner à sa réponse toute la préparation qu'elle demande.

CHAPITRE IX.

Digression sur quelques articles étrangers au
jeu théâtral, mais sans lesquels la vérité
de la représentation est imparfaite.

Lorsque les personnes de théâtre posséde-
ront parfaitement leurs rôles, et qu'étudiant
soigneusement leurs différentes positions, ils
conformeront toujours leur jeu à ce que chacune exige, nous trouverons dans le spectacle
les apparences les plus nécessaires à l'illusion,
et il ne nous restera qu'à désirer celles qui
sont indépendantes de l'action et de la récitation.

Afin que le prestige de la représentation
fût complet, il faudrait que les apparences
de ce second genre fussent unies avec celles
du premier. Leur assemblage nous intéresse
principalement à l'Opéra. Plus toutes les espèces de vraisemblances y sont négligées, plus
nous avons besoin que la séduction de nos

sens ne nous permette pas d'y faire usage de
notre raison. Ce spectacle, inventé par les
Italiens pour amuser et pour étonner les yeux
et les oreilles, plutôt que pour remuer le cœur
et pour occuper l'esprit, se ressent toujours
de sa première origine, et notre nation, en
lui imposant la loi d'être touchant et ingénieux, lui laisse le privilége de tirer du merveilleux un de ses plus grands agrémens.

Il conduit notre imagination de prodiges
en prodiges. A chaque instant, ce sont nouvelles suppositions plus extraordinaires les
unes que les autres, auxquelles elle est obligée
de se prêter. Tour à tour un magnifique palais se change en la plus simple habitation, et
la cabanne d'un pasteur devient un temple
majestueux. Ici un magicien, pour troubler
le bonheur de deux amans, fait sortir des
enfers les Furies et la Discorde ; là, Vénus
et l'Amour, suivis des Grâces et des Plaisirs, descendent des cieux, pour couronner
la constance de ces mêmes amans. Nous
sommes transportés, tantôt sur les bords du
Tenare, tantôt au sein des grottes du dieu
des mers, d'autres fois dans l'Olympe au milieu de l'assemblée des immortels.

L'art du décorateur et celui du machiniste

ne sont pas moins nécessaires que ceux du poète, du musicien et des acteurs, pour donner à ces fictions un air de vérité.

Celles que nous offre le Théâtre Français, assujetties au vraisemblable, se passent plus aisément du secours des décorations et des machines. Moins ce théâtre exige de suppositions forcées par rapport au fond de l'action, plus on se prête facilement à celles qui ne regardent que l'accessoire. La vérité des scènes et des discours, soutenue de la vérité du jeu des acteurs, subjugue quelquefois tellement notre imagination que nous ne prenons pas garde à la manière dont la salle est décorée.

Quoique nous soyons plus indifférens sur cet article à la comédie qu'à l'opéra, cependant on doit convenir qu'il serait beaucoup plus raisonnable que le lieu de la scène ressemblât toujours à celui dans lequel l'action est supposée se passer (1). Surtout il est difficile de ne pas trouver l'usage bizarre, et qui n'est

_____

(1) Sur cet article, on doit rendre justice à nos comédiens italiens. Pour attirer le public, ils ne plaignent pas plus la dépense que la peine. C'est assez l'ordinaire que des enfans adoptifs aient plus d'attention que nos vrais enfans à se rendre dignes de notre tendresse.

établi qu'en France, d'admettre sur le théâtre
une partie des spectateurs. On peut supposer
que l'appartement d'Auguste est plus ou moins
orné de sculpture et de dorure, mais lorsque
les yeux rencontrent des perruques en bourse,
comment se persuader qu'on voit le palais de
cet empereur?

En attendant un remède à l'abus dont je me
plains, contentons-nous de demander que
les comédiens se ménagent les moyens d'arriver sans obstacle sur la scène; qu'ils y conservent assez d'espace pour exécuter leurs
jeux de théâtre, et qu'ils épargnent au parterre la nécessité de crier contre les indis-
crets qui lui dérobent la vue du spectacle.

Quelquefois au Théâtre-Français nous n'examinons pas plus sévèrement les habits de
certains acteurs et de certaines actrices que
les décorations. Nous ne pardonnerions pas à
un comédien que son rôle met dans l'obligation d'avoir un habit magnifique, de paraître
sous un habit trop simple; mais nous souf-
frons qu'une comédienne qui, jouant le rôle
d'une suivante, devrait affecter de la simplicité dans son ajustement, y emploie beaucoup trop de magnificence. En cela notre
goût décidé pour le luxe nous fait oublier

l'intérêt de la vérité de la représentation.

Si nous ne devons pas nous flatter que les comédiens se déterminent d'eux-mêmes à ne recevoir aucun spectateur sur le théâtre, nous ne pouvons non plus espérer que les comédiennes préfèrent à l'ajustement sous lequel elles croiront dompter plus aisément les cœurs, celui sous lequel elles réussiraient davantage à tromper les yeux. N'exigeons point d'elles un pareil sacrifice; exigeons seulement qu'elles accordent, autant qu'elles le pourront, leur vanité avec les convenances, et que par un faste trop excessif elles ne nous ôtent pas tout moyen de les prendre pour les personnes qu'elles représentent.

Exigeons aussi que les comédiens, surtout ceux qui se chargent des principaux rôles tragiques, gardent la vraisemblance lorsqu'ils s'offrent aux yeux du spectateur après quelque action qui doit avoir causé nécessairement du désordre dans leur personne. On ne veut point voir Oreste avec une chevelure artistement frisée et poudrée, revenir du temple où, pour satifaire Hermione, il a fait assassiner Pyrrhus (1). Je me souviens qu'en représentant

_____

(1) Non seulement les comédiens ne doivent point

pour la première fois·Didon, la même comédienne qui a joué avec tant d'art la reconnaissance de Pénélope et d'Ulysse, parut au cinquième acte les cheveux épars, et dans le dérangement d'une personne qui sort précipitamment de son lit. Elle n'en usa pas ainsi dans les représentations suivantes; selon les apparences, ce fut par les conseils de quelques prétendus connaisseurs. Je consens qu'elle fasse cas de leur amitié, mais je l'exhorte à ne pas prendre leurs avis.

A l'Opéra nous sommes plus sévère qu'au Théâtre-Français sur les habits et sur les décorations; au Théâtre-Français nous le sommes beaucoup plus qu'à l'Opéra sur un autre article étranger aussi aux talens des comédiens. La beauté de la voix étant un avantage extrêmement rare, et étant néanmoins celui qui nous touche le plus à ce dernier spectacle, nous y passons plus volontiers à l'acteur, pourvu qu'il possède ce don et qu'il

---

heurter de la sorte les convenances, mais ils sont assujettis, ainsi que les peintres, à suivre ce qu'on appelle *le costume*. Alexandre et César avec des chapeaux ne choquent pas moins la raison au théâtre que dans un tableau.

chante bien, de ne pas ressembler parfaitement à son personnage ; au contraire , il faut
que la personne du comédien fascine nos regards , et que chez lui la nature fasse les premiers frais de la vérité. En parlant de cette
nécessité je n'ai insisté que sur la ressemblance générale et vague qui doit se trouver
entre l'acteur et l'original dont il est la copie.
Il s'agit ici d'une ressemblance plus particulière et plus déterminée.

L'acteur qui le premier représenta l'*Enfant
prodigue*, tout excellent qu'il était dans le
haut comique, parut déplacé dans ce rôle
parce qu'il ne pouvait être pris pour un jeune
misérable à qui sa mauvaise conduite venait
de faire subir toutes les rigueurs de la plus
affreuse pauvreté. L'air de santé de Montmeny, loin de blesser dans *le Malade imaginaire*, y était d'autant plus agréable qu'il
est plus plaisant de voir un homme à qui
tout semble promettre la plus longue vie, se
croire continuellement dans un prochain péril
de mort. Ce même air de santé nuisait au
contraire à l'illusion dans *le Légataire*; il est
facile d'en deviner la raison. L'oncle du légataire est vraiment malade, et l'est depuis long-
temps. Nous ne pouvions supposer que la

longueur de ses souffrances n'eût causé nulle altération dans sa personne.

Si les comédiens veulent que la représentation ait une entière vérité, qu'ils aient donc soin non seulement de rendre leur action et leur récitation parfaitement vraies, mais encore de ne pas choisir un personnage caractérisé par quelque modification remarquable qui ne se rencontre point en eux ; ils ne peuvent trop se souvenir que le spectacle tire tous ses agrémens de l'imitation ; qu'il est une espèce de peinture, avec cette différence que ses prestiges doivent être fort supérieurs à ceux du pinceau ; que plus le théâtre a d'avantages pour nous faire illusion, plus nous exigeons qu'il nous la fasse effectivement ; qu'il ne suffit pas que ses fictions nous paraissent ressembler aux événemens dont elles sont l'image, et que nous voulons pouvoir nous persuader que les événemens mêmes et les principaux acteurs de ces événemens sont présens à nos yeux.

CHAPITRE X.

Dans lequel, aux principes déjà établis sur la vérité de la récitation et de l'action, on ajoute quelques préceptes importans.

DES réflexions que nous avons faites sur la nécessité dont il est à l'acteur de jouer avec vérité, naissent naturellement celles qui composeront ce Chapitre. Cette nécessité renferme celle de préparer et de graduer les grands mouvemens, et de nuer les passages de l'un à l'autre.

DE LA PRÉPARATION.

Un poète dramatique qui connaît son art, cache avec soin aux spectateurs où il veut les conduire. Le comédien doit régler sa marche sur celle de l'auteur, et ne nous laisser apercevoir le but que lorsque nous sommes prêts d'y toucher. Mais si nous ne voulons pas deviner ce qu'on nous réserve, nous ne voulons pas non plus qu'on nous trompe. Nous sommes bien aises de voir ce que nous n'attendions pas, mais nous sommes mécontens lorsqu'on nous a fait attendre le contraire de ce

que nous voyons. En dérobant à notre péné-
tration ce qui doit suivre, il faut nous y préparer.

Qu'une actrice en jouant le rôle de Phèdre
nous fasse pressentir, dès le commencement
de la scène (1) dans laquelle elle découvre sa
passion à Hippolyte, les excès auxquels elle
est sur le point de se porter, la fin de la scène
produira sur nous une beaucoup moindre impression ; que d'un autre côté cette actrice
n'ait pas recours à diverses préparations, je-
tées en apparence comme par hasard, mais
employées effectivement avec dessein pour
nous disposer à la voir tomber dans ces excès,
ils ne nous paraîtront pas vraisemblables. Ils
ne peuvent nous le paraître qu'autant que
lorsqu'elle s'y livre nous jugeons, en nous
rappelant ce qui les a précédés, que nous de-
vions les prévoir.

Si elle a bien saisi l'esprit de son rôle, elle
s'efforce, en récitant les premiers vers de cette
scène, de faire remarquer que Phèdre est la
dupe de son cœur, et que ses alarmes pour
son fils ne sont qu'un prétexte dont l'amour
se sert pour l'engager à demeurer avec Hippo-

_____

(1) Acte II, scène v.

lyte. A peine donne-t-elle à ce prince le temps
de répondre ; elle lui coupe la parole, et, sen-
tant l'impatience que Phèdre doit avoir de
persuader à Hippolyte qu'elle n'est pas autant son ennemie qu'il se l'imagine, elle précipite sa récitation jusqu'à ce vers :

Dans le fond de mon cœur vous ne pouviez pas lire.

Il importe à Phèdre qu'Hippolyte ne perde
pas ces mots. L'actrice les prononce avec plus
de lenteur, et par un soupir elle exprime ce
qu'il lui en a coûté pour feindre une haine
qu'elle ne ressentait pas.

Dans les vers suivans elle reprend sa récitation précipitée, y joignant un ton douloureux qui puisse convaincre Hippolyte que
tout ce qu'elle a fait contre lui n'était rien
moins que volontaire ; lorsqu'elle vient à dire :

Si pourtant à l'offense on mesure la peine,
Si la haine peut seule attirer votre haine,

elle fait succéder de nouveau la lenteur à la
précipitation. Cette lenteur augmente au
vers :

Jamais femme ne fut plus digne de pitié ;

et notre actrice, avant de prononcer le second hémistiche, place une courte suspension,
comme pour se donner le temps d'examiner

si elle peut hasarder l'expression qui se présente à son esprit.

Sur la seconde réponse d'Hippolyte, elle l'interrompt avec plus de vivacité encore que la première fois. Tout à coup ensuite, comme si elle avait honte de s'être livrée à son premier mouvement, elle baisse la voix, en ajoutant :

Qu'un soin bien différent me trouble et me dévore !

Elle se donne bien de garde de débiter avec emphase, ainsi que certaines comédiennes :

On ne voit point deux fois le rivage des morts....

Elle ne déclame point ces vers, ni les trois suivans : elle les parle en gardant un juste milieu entre une douleur hypocrite et une indécente indifférence.

DE LA GRADATION.

Après nous avoir ainsi disposés à voir sans étonnement les transports qu'elle va faire éclater, elle leur permet de paraître, mais elle ne les développe que successivement ; elle sait que l'art de graduer n'est pas moins nécessaire que celui de préparer ; que toute impression diminue lorsqu'elle n'augmente pas, et que s'il ne règne pas de progrès dans celles que nous éprouvons au théâtre, nous tombons bientôt dans la langueur et dans le dégoût.

Désire-t-on de voir la gradation qu'il importe d'observer en certaines circonstances? qu'on examine de quelle manière dans ce petit nombre de mots :

.....Il n'est point mort, puisqu'il respire en vous.
Toujours devant mes yeux je crois voir mon époux.
Je le vois. Je lui parle, et mon cœur...

Notre moderne Le Couvreur parcourt tous les degrés par lesquels on arrive de l'état le plus accablant à la plus parfaite satisfaction.

Aussitôt que Phèdre a laissé échapper cette déclaration si surprenante pour Hippolyte, elle ne peut se dissimuler que le secret de son cœur n'est plus ignoré de ce prince, et elle continue :

Oui, prince, je languis, je brûle pour Thésée :
Je l'aime, non point tel que l'ont vu les enfers,
Volage adorateur de mille objets divers,
Qui va du dieu des morts déshonorer la couche,
Mais fidèle, mais fier, et même un peu farouche,
Charmant, jeune, traînant tous les cœurs après soi,
Tel qu'on dépeint les dieux, ou tel que je vous voi.

On ne pourrait absolument regarder comme faux le jeu d'une actrice qui, dès les premiers vers, déploierait toute la véhémence dont

16

elle est capable ; mais elle montrera plus d'art
en ne la déployant que par degrés. La comédienne que je propose pour modèle suppose
que Phèdre conserve encore quelque respect
pour elle-même, et que tant qu'elle parle de
Thésée pour faire indirectement le portrait
d'Hippolyte, elle ne s'abandonne pas à toute
sa faiblesse. Cette savante actrice ne prend un
ton vraiment passionné que lorsqu'elle dit :

> . . . . . . Pourquoi, sans Hippolyte,
> Des héros de la Grèce assembla-t-il l'élite ?. . . .

Depuis cet endroit son feu va toujours en
croissant. Il redouble à ces vers,

> Par vous aurait péri le monstre de la Crète.
> . . . .
> Ma sœur du fil fatal eût armé votre main.

À cet autre,

> Mais non ; dans ce dessein je l'aurais devancée ;

elle n'impose plus aucun frein à ses mouvemens. Un torrent qui rompt une digue est
moins rapide que ces paroles :

> Un fil n'eût point assez rassuré votre amante.
> . . . .
> Moi-même devant vous j'aurais voulu marcher,
> Et Phèdre au labyrinthe avec vous descendue. . . . .

Ici l'actrice nous réserve un nouveau trait de
son habileté. On s'attend qu'à l'imitation

d'une tragique qui a primé long-temps sur la scène, elle emploiera dans le dernier vers,

Se serait avec vous retrouvée ou perdue,

plus de vivacité encore que dans les précédens. Il semble même qu'elle le devrait, pour observer les règles de la gradation. C'est ce qu'elle ne fait point. Elle ne le prononce qu'en trois temps, et, s'arrêtant après le mot *vous*, ainsi qu'après celui *retrouvée*, elle ne met dans cette fin de son discours qu'une tendresse inquiète de savoir quelle impression il a faite sur un prince qui sans le vouloir l'a rendue si malheureuse. En prenant ce parti elle nous satisfait plus que si sa déclamation était fort véhémente, parce qu'entre deux façons de jouer, nous tenons plus de compte de celle dans laquelle nous remarquons un sentiment finement aperçu, que de celle dans laquelle nous ne voyons qu'un sentiment fortement exprimé.

Hippolyte ne laisse pas long-temps Phèdre dans l'incertitude, et après qu'il lui a dit,

Ma honte ne peut plus soutenir votre vue,

l'amour de cette princesse se change en fureur. Là, il n'y a point d'intervalle entre les deux mouvemens, et le passage de l'un à l'autre n'a point besoin de nuances intermédiaires. Partout le changement n'est pas aussi subit. Ordinairement une passion ne détruit pas sans quelque combat une passion contraire, et lorsqu'il s'agit de peindre le procédé qu'à cet égard suit la nature, le talent de nuer les passages est nécessaire aux comédiens.

DE L'ART DE NUER LES PASSAGES D'UN MOUVEMENT A L'AUTRE.

La scène sixième du quatrième acte de *Zaïre* (1) me fournira un exemple de l'usage qu'ils doivent faire de ce talent. Dans cette scène, l'acteur qui joue le rôle d'Orosmane doit se rappeler que ce sultan s'annonce comme assez généreux pour sacrifier sa passion, s'il découvre que Zaïre soit entraînée vers quelque autre par un penchant invincible, mais qu'il veut lire dans le cœur de cette belle; qu'il désire que si elle lui refuse son amour, elle lui accorde sa confiance; qu'il peut consentir de n'être pas favorisé comme amant, mais qu'il ne peut se résoudre à n'être

—

(1) On peut citer après *Phèdre* une pièce que l'amour lui-même semble avoir dictée.

pas distingué comme ami, et qu'il serait plus offensé de la dissimulation que de l'indifférence.

Ces dispositions étant supposées dans Orosmane, il est évident qu'il n'écoute tout son ressentiment que lorsqu'il croit être convaincu de l'obstination de Zaïre à le tromper par une feinte tendresse. Non seulement il ne cède qu'alors à son courroux, mais même auparavant il est un instant dans lequel on s'imagine qu'un seul mot de la bouche de Zaïre va calmer l'orage qui gronde sur sa tête, et à cette occasion il est à propos de remarquer qu'il se fait successivement deux métamorphoses dans le cœur d'Orosmane; que d'abord il passe de la fierté à l'attendrissement, et qu'ensuite ce dernier mouvement fait place au plus violent dépit.

Il est donc à présumer que le sultan prend d'abord le ton de souverain, non d'un souverain irrité, (il aurait à craindre d'effrayer Zaïre, et de la détourner par là de l'aveu qu'il veut tirer d'elle), mais d'un monarque déterminé à pardonner pourvu qu'elle se reconnaisse coupable.

Quelque penchant qu'il ait à la clémence, il est sensible au tort prétendu de sa maîtresse,

et s'il a la force de ne pas lui montrer de ressentiment, du moins il affecte de lui parler
avec froideur. Insensiblement, en la regardant il sent son amour se rallumer, et bientôt, entraîné par sa faiblesse, il lui dit avec
un tendre emportement,

Ta grâce est dans mon cœur; prononce, elle t'attend.

Ayant donné cette assurance à Zaïre, il ne
doute pas qu'elle n'use avec lui de la sincérité
qu'il demande. Comme les premiers discours
de cette jeune beauté ne répondent pas d'une
façon précise à la question qu'il lui a faite, il
demeure incertain pendant quelque temps
s'il doit céder à l'amour ou à la haine. Sa colère se ranime, lorsqu'il entend Zaïre prononcer :

Je jure que Zaïre, à soi-même rendue,
Des rois les plus puissans détesterait la vue;
Que tout autre, après vous, me serait odieux.

Plus Zaïre met de tendresse dans son expression, plus il la soupçonne de fausseté, et plus
elle lui paraît indigne de pardon. Ainsi, il
s'irrite plus, à mesure qu'elle se passionne
davantage, et cette protestation :

Si mon cœur fut coupable, ingrat, c'était pour vous;

cette protestation, dis-je, qui devrait désarmer un amant moins prévenu, achève de porter au plus haut point l'indignation d'Orosmane. Le mépris chez lui se joint à l'indignation ; il dédaigne de faire éclater le transport qui l'agite.

Un reste d'amour vient combattre encore dans le cœur du sultan ; il est tenté de faire un nouvel effort pour obliger Zaïre de renoncer à sa dissimulation ; il lui adresse de nouveau la parole, et il prononce le nom de cette infortunée avec un courroux mêlé de trouble et de tendresse ; mais enfin son ressentiment l'emporte. Les preuves qu'il croit avoir de la trahison de sa maîtresse se présentant à lui dans toute leur horreur, il ne voit plus en elle qu'une parjure qui mérite le plus cruel supplice.

L'art de passer adroitement d'un mouvement à l'autre est difficile ; il l'est surtout lorsque ces mouvemens se détruisent l'un l'autre avec une extrême rapidité, ainsi que dans ces endroits de la même tragédie de *Zaïre :*

O nuit, nuit effroyable !
Peux-tu prêter ton voile à de pareils forfaits ?
Zaïre !... l'infidèle !... Après tant de bienfaits !.
J'aurais d'un œil serein, d'un front inaltérable,
Contemplé de mon rang la chute épouvantable ;

J'aurais su, dans l'horreur de la captivité,
Conserver mon courage et ma tranquillité.
Mais me voir à ce point trompé par ce que j'aime!

Hélas! le crime veille, et son horreur me suit.
A ce coupable excès porter sa hardiesse!
Tu ne connaissais pas mon cœur et ma tendresse,
Combien je t'adorais; quels feux.... Ah! Corasmin,
Un seul de ses regards aurait fait mon destin.
Je ne pus être heureux ni souffrir que par elle.
Prends pitié de ma rage. Oui, cours.... Ah! la cruelle!

Voilà les premiers pleurs qui coulent de mes yeux.
Tu vois mon sort. Tu vois la honte où je me livre.
Mais ces pleurs sont cruels, et la mort va les suivre.
Plains Zaïre, plains-moi. L'heure approche; ces pleurs,
Du sang qui va couler, sont les avant-coureurs.

CHAPITRE XI.

Du jeu naturel.

Il se peut faire que le jeu d'une personne
de théâtre, quoique renfermant la plupart
des conditions dont il a été parlé, et par conséquent ayant les principaux caractères dont
dépend la vérité de l'action et de la récitation,
cependant ne soit pas naturel.

On demande si le naturel est toujours nécessaire au théâtre : cette question a besoin
d'un éclaircissement : entend-on seulement

par jeu naturel celui qui n'a pas l'air peiné?
Tous les acteurs, soit que leurs rôles exigent
un jeu simple, soit que ces rôles ne l'exigent
pas, sont dans l'obligation de jouer naturellement (1). Les rôles qui doivent être joués
avec simplicité sont à ceux d'autre espèce ce
qu'est la danse terre à terre à l'égard de la
danse haute. La dernière comporte des attitudes et des pas de force que ne permet point
la première; mais dans l'une ni dans l'autre
nous ne voulons remarquer rien qui sente
l'effort. Un danseur ne plaît dans la seconde
qu'autant qu'il paraît ne pas être plus gêné
en exécutant les choses les plus difficiles, que
s'il n'en exécutait que de faciles et à la portée
de tous les danseurs.

Si l'on donne plus d'étendue à la signification du mot *naturel*, et si l'on veut qu'il dé-

---

(1) Il ne faut pas confondre le jeu négligé avec le
jeu aisé; celui-ci, bien loin d'exclure le travail, le
suppose. Souvent on ne laisse apercevoir l'étude que
parce qu'on n'a pas assez étudié. Entre les diverses
façons de jouer avec vérité, celle qui est la plus dé-
nuée de faste et d'appareil est quelquefois celle qui a
coûté le plus de soin, ainsi que les vers qui paraissent
avoir été composés avec le moins de peine sont souvent
ceux qui ont été faits le plus difficilement.

signe l'imitation exacte de la nature commune, je prononcerai hardiment que dans certains cas un acteur deviendrait insipide en jouant toujours naturellement. Premièrement il est des rôles comiques dans lesquels on approche d'autant plus de la vérité qu'on emploie plus certaines affectations qui caractérisent le personnage qu'on représente. Tels sont ceux des deux Folles dans *les Précieuses ridicules*, du Neveu de M. Purgon dans *le Malade imaginaire*, de M. l'Empesé dans *l'Aveugle clairvoyant*; secondement, il n'est pas douteux que le comédien ne puisse et même ne doive quelquefois user de charge. Cette proposition révoltera d'abord quelques lecteurs; peut-être leur paraîtra-t-elle moins déraisonnable après qu'ils auront lu les observations suivantes :

PREMIÈRE OBSERVATION.

Mal à propos se sert-on du mot *charge* en parlant du trop de véhémence de la déclamation d'un acteur tragique. Lorsqu'un peintre, dans un tableau destiné à nous toucher, fait grimacer ses figures, on ne dit pas qu'il charge; on dit qu'il rend mal ce qu'il veut exprimer. Lorsqu'un comédien, en voulant

copier un héros, nous montre un énergumène,
on ne doit pas non plus dire qu'il charge son
rôle ; on doit dire qu'il joue un rôle différent.

La charge est au théâtre la même chose que
dans la peinture : c'est un excès qu'on se permet pour se moquer ou pour faire rire. Un
peintre, dans une débauche d'imagination,
trace une figure grotesque ; il l'accable sous
le poids d'une bosse dont l'énormité surpasse
tout ce qu'on a pu voir en ce genre ; de même
un acteur comique, pour s'égayer ou pour
égayer les spectateurs, peut porter quelques
espèces de ridicules à un plus haut point
qu'elles n'ont jamais été portées.

SECONDE OBSERVATION.

Cette liberté est permise à l'acteur comique, mais elle ne l'est qu'à certaines conditions et dans certaines circonstances.

Elle ne l'est qu'à certaines conditions : il
faut qu'en quelque sorte la charge déraisonne
avec raison, et qu'elle conserve une espèce de
règle dans son désordre.. On consent qu'un
peintre, excité par un joyeux délire, peigne
une figure avec un nez d'une longueur excessive, mais on veut que ce nez soit analogue
aux autres nez qu'on connaît, et qu'il soit à

la place que la nature lui a assignée. On trouve bon qu'un comédien aille quelquefois plus loin que la nature ne va ordinairement, mais on ne veut point que pour nous donner du comique il nous donne des monstres. L'un et l'autre peuvent grossir les objets. Ils ne doivent pas les rendre méconnaissables.

Non seulement l'acteur comique doit s'en tenir à grossir les objets, mais même en se renfermant dans ces bornes il est obligé, lorsqu'il hasarde quelque charge, d'observer certaines préparations. Elle ne réussit qu'autant que le comédien a conduit les spectateurs à une espèce d'ivresse, dans laquelle ils ne puissent le juger avec la même sévérité que s'ils étaient de sang-froid. Nous avons remarqué que la charge était une exagération dictée par l'enjouement. Elle ressemble aux licences qu'on se permet dans la conversation. Telle plaisanterie qu'on n'oserait risquer si l'on n'était écouté que par des personnes sérieuses et tranquilles, est applaudie dans une assemblée où préside une joie tumultueuse. Tel ton, tel geste paraîtraient outrés chez un acteur si on les examinait avec réflexion, et ils plaisent lorsqu'il ne laisse pas la liberté d'en faire l'analyse.

Avec ces deux conditions on en exige encore deux autres. C'est que la charge ne soit pas trop fréquente, et qu'elle ne paraisse pas déplacée.

De même qu'elle n'est permise qu'à certaines conditions, elle ne l'est que dans certaines circonstances. En général elle ne convient à aucun des acteurs destinés à représenter ce qu'on appelle dans le monde les honnêtes gens, surtout lorsque les personnages de ces acteurs doivent exciter l'intérêt. Dans d'autres rôles elle peut être agréable, et quelquefois même elle est nécessaire.

L'intrigue d'une comédie demande-t-elle que des valets ou des suivantes empruntent les habits et les airs de personnes d'importance? pourvu que l'acteur ou l'actrice ne pousse pas la charge au point que les personnages qu'il s'agit de tromper ne puissent être ses dupes, la charge sera certainement agréable.

A ce sujet il se présente une objection. Pourquoi permet-on à un comédien qui prend un travestissement au-dessus de la condition de son personnage, ce qu'on ne lui permet pas lorsqu'il prend un travestissement au-dessous? On peut répondre qu'une personne

de naissance se dégrade en quelque sorte par
un déguisement indigne de son état. Nous ne
voulons pas qu'elle s'avilisse encore davantage en paraissant s'y complaire, et elle s'expose au risque d'en être soupçonnée si elle ne
se borne pas à ce qui lui est absolument nécessaire pour éviter d'être reconnue. Au contraire une personne du peuple gagne en se
montrant jalouse de ressembler à des personnes au-dessus d'elle. D'ailleurs, comme
elle ne peut en être qu'une copie fort défectueuse, elle ajoute le plaisir que nous fait la
vanité de ses efforts au plaisir que nous avons
de voir les personnages qu'elle trompe, ne
pas s'apercevoir de leur erreur.

Il est des rôles dans lesquels la charge est
non seulement agréable, mais encore nécessaire. Scapin (1) contrefait Argante pour
aguerrir Octave à soutenir la présence d'un
père irrité. L'acteur en cet endroit est obligé
d'user de charge, et il est le maître de la
porter aussi loin qu'elle peut aller, parce
qu'au lieu de nuire ici à la vraisemblance,
elle l'augmente. Il serait moins vraisemblable
qu'Octave demeurât interdit si l'extrême vé-

_____

(1) *Fourberies de Scapin*, acte I, scène III.

hémence des discours de Scapin et la violence de son emportement ne faisaient illusion à ce jeune amant, et ne le conduisaient à s'imaginer voir dans Scapin le redoutable Argante.

Ce serait abuser de la patience des lecteurs que de faire l'énumération de tous les rôles dans lesquels il est essentiel de charger. On doit compter dans ce nombre ceux qui ne sont point les copies d'originaux connus, par exemple, celui de Crispin; ceux dans lesquels l'auteur s'est proposé de copier quelques originaux, mais s'est donné la liberté de les copier dans le burlesque, tels que ceux de Toutabas dans *le Joueur*, et de Clistorel dans *le Légataire*; enfin ceux dans lesquels l'auteur prête à ses portraits des touches extrêmement fortes, comme ceux de l'Avare, d'Arnolphe et du Bourgeois gentilhomme.

Vous devez enfler quelquefois les tons et les gestes dans les rôles de la première et de la seconde espèce, parce que ces rôles sont eux-mêmes des charges. Vous le devez aussi dans ceux de la troisième classe, parce qu'il faut, en étourdissant le spectateur, le détourner d'examiner si l'auteur n'a pas excédé les bornes de la vraisemblance. Ce vers

· Savez-vous bien, Monsieur, que j'étais dans Crémone? (1)

a dans la bouche de Crispin toute une autre grâce, prononcé avec emphase, que débité simplement. Que Toutabas dise d'un ton ordinaire :

.... Vous plairait-il de m'avancer le mois? (2)

cela ne fera qu'un médiocre effet. Qu'il le dise de la manière dont le disait l'acteur (3) qui représentait jadis avec tant d'applaudissemens ce rôle et plusieurs autres rôles semblables, il excitera un ris général. Si Harpagon, après avoir visité les mains du valet de son fils, demande de sang-froid à voir les autres mains de ce même valet, une partie des spectateurs donnera raison aux censeurs qui ont prétendu que Molière ne devait point copier cet endroit de Plaute. Si l'acteur nous peint un avare qu'une violente colère agite, et dont la défiance trouble la cervelle, nous ne trouverons plus la critique fondée. Il ne nous semblera pas extraordi-

---

(1) Comédie des *Folies amoureuses*, acte I, scène v.
(2) Dans *le Joueur*, acte I, scène VIII.
(3) Feu Dangeville.

naire que cet avare oublie qu'il parle des mains de Laflèche, et que pensant aux poches de ce valet, il exige qu'on lui montre les autres.

TROISIÈME OBSERVATION.

L'observation précédente peut servir à convaincre plusieurs personnes que souvent elles décident sans se rendre un compte bien exact des raisons qui fondent leur jugement. Plus d'un spectateur certainement a regardé jusqu'ici la charge comme étant dans tous les cas un défaut, et l'on voit qu'elle est souvent une perfection.

Malgré ce qui vient d'être démontré, peut-être en diverses occasions n'en jugera-t-on pas plus équitablement quelques comédiens. Un acteur excellent dans l'art de jouer les valets, se livre à son feu, et se donne la comédie à lui-même. Il emploie une charge ingénieuse, et on lui fait son procès de nous avoir divertis.

Un autre acteur comique, qui pour faire rire n'a besoin que de se montrer, n'éprouve pas la même injustice. Il en a l'obligation aux rôles qu'il joue le plus ordinairement. Quoique ne chargeant qu'à propos, il charge peut-

17

être plus continuement que le comédien dont je viens de parler ; mais on ne s'avise pas de l'en blâmer, parce que ses rôles sont des espèces de grotesques auxquels la régularité des proportions n'est pas nécessaire.

CHAPITRE XII.

Des finesses de l'art des comédiens, prises en général.

Dans tout le cours de cet ouvrage, nous avons eu soin de ne pas confondre avec la multitude les personnes qui ont du goût et du discernement. Les spectateurs de cette seconde espèce forment entre eux des classes qui doivent être aussi distinguées. Chez les uns, l'esprit juge sainement de ce qu'on lui présente ; mais, renfermé dans certaines bornes, il n'examine pas si ce qu'il voit est tout ce qu'il avait droit d'attendre. Chez les autres, une imagination vive et féconde accompagne une raison droite et lumineuse, et ceux-ci, ne se contentant pas que ce qui leur est offert soit bon, se plaignent si on ne leur donne pas tout ce qu'ils espéraient.

Quand un acteur met à peu près, dans son action et dans sa récitation, toute la vérité convenable ; quand il ne laisse apercevoir nulle part le travail ni l'effort, les spectateurs de la première classe ne demandent pas davantage, parce qu'ils n'imaginent rien au-delà. Il n'en est pas de même de ceux de la seconde.

A leur tribunal, il y a, entre le jeu qui n'est que naturel et vrai, et celui qui de plus est ingénieux et fin, la même différence qu'entre le livre d'un homme qui n'a que du savoir et du bon sens, et le livre d'un homme de génie. Ils veulent non seulement que le comédien soit copiste fidèle, mais encore qu'il soit créateur ; c'est dans ce dernier point que consistent les finesses de son art.

Quelque esprit qu'ait un auteur, quelque application qu'il apporte à la perfection de son ouvrage, il ne pense pas à tout, et il lui arrive quelquefois d'omettre diverses choses qui auraient fait grâce dans sa pièce. De temps en temps aussi, lorsqu'il écrit en vers, la gêne de la mesure et de la rime ne lui permet pas de dire tout ce qu'il sent, et par la suppression d'un mot qu'il ne peut placer, une idée fine est perdue pour un grand nombre de personnes, si le comédien ne les aide à la découvrir. (1)

Au lieu que les acteurs médiocres ne voient que par les yeux de l'auteur ; au lieu qu'ils ne soupçonnent point qu'il ait pu rien ajouter à ce qu'il dit, les remarques qui lui ont échappé sont saisies par les acteurs supérieurs, et ce qui manque dans le dialogue se retrouve dans leur jeu. Avec eux, on peut sans risque omettre ou sous-entendre. On est toujours sûr du supplément ou du commentaire.

Ils se distinguent surtout par le talent de peindre des sentimens qui ne sont point exprimés par le discours, mais qui conviennent au caractère et à la situation du personnage.

Lorsque Sévère, après la mort de Polyeucte, dit à Félix et à Pauline :

Servez bien votre Dieu, servez votre monarque, (2)

il se soucie peu qu'ils demeurent attachés à

---

(1) Les acteurs étant obligés de faire plus de supplémens dans les pièces en vers que dans celles en prose, il s'ensuit qu'ils ont encore plus besoin d'esprit pour jouer les premières que pour jouer les secondes. Ce devrait être pour eux une nouvelle raison de préférer ces dernières.

(2) *Polyeucte*, acte v, scène dernière.

leur religion, mais il regarde la fidélité à l'empereur comme un devoir dont ils ne peuvent se dispenser. Aussi Baron, habile à deviner ce que les auteurs ne disaient pas, mais qu'ils voulaient ou devaient vouloir dire, prononçait-il les dernières paroles d'une manière fort différente de celle dont il prononçait les premières; il passait légèrement sur un hémistiche, et il appuyait fortement sur l'autre. Dans le premier, il prenait le ton d'un homme qui, touché des vertus des chrétiens, mais n'étant point convaincu que leur religion fût la seule vraie, ne trouvait pas mauvais qu'on la professât, mais ne croyait point nécessaire de l'embrasser. Dans le second, il annonçait, par un geste fin et par inflexion adroite, combien le dévouement pour le service du souverain lui paraissait un point plus capital que l'exacte observation du christianisme.

Le rôle de l'homme du jour, dans la pièce des *Dehors trompeurs*, est un de ceux dans lesquels l'acteur a le plus d'occasions de faire éclater de semblables finesses. Au troisième acte, le marquis, profitant de l'erreur du baron, qui ne le connaît pas pour son rival, le prie de faire remettre par Lucile une lettre

à l'amie prétendue de cette belle; le baron
accepte la proposition: Peut-être M. de Boissy,
en lui faisant répondre au marquis, *vous serez
satisfait*, ne demandait au comédien que d'emprunter l'air obligeant d'un ami qui veut servir son ami. Un acteur accoutumé à nous
surprendre souvent dans la comédie par quelque trait délicat et inattendu, trouve le moyen
d'augmenter le comique de cette scène, déjà
par elle-même extrêmement plaisante. Il
paraît non seulement être charmé de favoriser l'amour du marquis, mais encore se reprocher de ne lui avoir pas fourni l'expédient
dont celui-ci s'avise. Par-là, nous avons la
double satisfaction de voir le baron être en
même temps la dupe, et de l'aveuglement
qui lui laisse ignorer qu'il est la personne qu'on
trompe, et de la malignité qui lui fait regretter de n'être pas l'inventeur de la ruse par
laquelle cette personne est trompée.

De même qu'on montre de la finesse en
disant plus par son jeu que ne dit l'auteur,
on en montre aussi quelquefois en prévenant
ce qui sera dit, mais qui ne l'est pas encore.
Feu La Thorillière usait de cette adresse dans
la Mère coquette. La mort du mari d'Ismène
n'est pas assez constatée pour que cette folle

ose risquer de secondes noces; Laurette en-
treprend de l'autoriser à faire cette démarche,
et, pour cet effet, elle veut contraindre Champagne de certifier qu'Ismène est véritablement veuve ; celle-ci survient (1) avant que
Champagne ait consenti de faire ce qu'exige
Laurette ; la suivante rusée, se flattant que
ce valet, dont elle est aimée, n'aura pas la
force de la dédire, et qu'il aura encore moins
celle de résister au diamant qu'elle lui offre.,
feint qu'il lui a confirmé que rien ne s'oppose
plus au penchant d'Ismène pour Acante. La
Thorillière, après avoir dit, en prenant la
bague, *puisque vous le voulez, madame,* gar-
dait un assez long silence, et il ne laissait
échapper ces mots, *il est donc mort,* qu'après
avoir considéré le diamant à plusieurs reprises.
On lisait ainsi d'avance, dans son action,
cette déclaration que Champagne fait quelque
temps après,

> Au moins, s'il n'est pas fin, le défunt n'est pas mort.

A cette finesse, La Thorillière en joignait
une autre. En examinant la bague, il ne la
regardait qu'à la dérobée. Moyennant cette

_____

(1) Acte II, scène IV.

attention, il évitait de marquer à la veuve
une défiance trop injurieuse, et il était comique sans paraître incivil. Nous verrons ailleurs que dans certains rôles de comédie les
acteurs ne sont pas toujours obligés d'être si
scrupuleux sur les bienséances. Dans d'autres
rôles, et particulièrement dans la tragédie,
ils ne peuvent trop les observer, et entre les
finesses de leur art, celles qu'ils peuvent devoir
à cette étude tiennent un des premiers rangs.
Mais il n'est pas commun de rencontrer toutes
celles qu'on souhaite en ce genre.

Mettez dans la bouche d'un comédien ordinaire ce vers d'Agamemnon à Clytemnestre,

Madame, je le veux, et je vous le commande; (1)

il le déclamera d'un ton impérieux, et il ne
sera point désapprouvé par la plus grande
partie des spectateurs. Il le sera par ceux qui
ont remarqué dans cet endroit l'art de l'acteur chargé des rôles de rois au Théâtre-
Français. Cet acteur modère considérable-

---

(1) *Iphigénie*, scène 1 du IIIe acte, dans laquelle
Agamemnon, importuné par les instances que fait
Clytemnestre pour conduire sa fille à l'autel, déclare à
cette reine qu'elle ne peut avoir cette satisfaction.

ment son ton, en disant : *Je vous le com-*
mande. Il juge qu'Agamemnon, en même
temps qu'il se propose de persuader à Clytemnestre qu'il veut être obéi, désire de lui
adoucir le chagrin de s'entendre donner un
ordre, et nous sommes charmés de voir l'a-
mour-propre de cette reine ainsi ménagé par
le prince son époux.

Des personnes de théâtre, capables de saisir
ces attentions délicates que des personnages,
quoique étant d'un rang égal, se doivent l'un
à l'autre, ne le sont pas toujours de sentir ce
que leur propre personnage se doit à lui-
même. Que des actrices qui n'ont pas cette
finesse de sentiment aient à débiter ce discours de Junie à Néron :

. . . . Il a su me toucher,
Seigneur, et je n'ai point prétendu le cacher.

. . . .

. . . . . . Je lui fus destinée,
Quand l'empire devait suivre son hyménée.
Mais ces mêmes malheurs qui l'en ont écarté,
Ses honneurs abolis, son palais déserté,
La fuite d'une cour que sa chute a bannie,
Sont autant de liens qui retiennent Junie. . . . (1)

nous n'entendrons que des pleureuses mo-

_____

(1) *Britannicus*, acte II, scène III.

notones, qui nous peindront Junie comme
une amante uniquement occupée du désir de
fléchir la dureté de l'empereur. Une comédienne qui sait que le respect pour soi-même
et le courage sont des bienséances de l'état
d'une personne née près du trône, nous la
représentera comme une princesse tendre et
ingénue, mais prudente et ferme, qui aime
véritablement et qui ne cache point son amour,
mais qui veut qu'on croie qu'elle aime moins
par faiblesse que par justice et par générosité,
et qui fait sentir que si elle laisse échapper
son secret, c'est parce qu'elle tient au-dessous
d'elle de le dissimuler.

Toutes les finesses ne peuvent pas être du
même ordre. Quelques unes ajoutent peu au
fond des discours, mais elles ajoutent beaucoup à la vérité de la représentation.

Rodogune tâche d'excuser sa passion pour
Antiochus par ces vers adressés à sa confidente :

Il est des nœuds secrets, il est des sympathies,
Dont par le doux rapport les âmes assorties
S'attachent l'une à l'autre, et se laissent piquer
Par ce je ne sais quoi qu'on ne peut expliquer. (1)

---

(1) *Rodogune*, acte 1, scène v.

L'actrice qui a coutume de jouer ce rôle sur le théâtre de Paris, et du jeu de laquelle on peut citer plusieurs autres finesses fort au-dessus de celle-ci, s'arrête après le mot *ce* du dernier vers. Par cette suspension, elle se donne l'air d'une personne qui cherche un terme propre à désigner la tyrannie du pouvoir inconnu dont elle parle. Il semble que c'est par l'impuissance de trouver ce terme, qu'elle y substitue une expression vague et indéterminée, et son embarras marque la difficulté de deviner les ressorts employés par l'amour pour unir deux cœurs qui naturellement n'étaient pas destinés l'un pour l'autre.

Baron, par un simple geste, prêtait une nouvelle vivacité d'expression à ces vers que Sévère dit à Fabian :

Mais, à parler sans fard de tant d'apothéoses,
L'effet est bien douteux de ces métamorphoses;
Les chrétiens n'ont qu'un Dieu, maître absolu de tout,
De qui le seul vouloir fait tout ce qu'il résout.
Mais, si j'ose entre nous dire ce qui me semble,
Les nôtres bien souvent s'accordent mal ensemble;
Et, me dût leur colère écraser à tes yeux,
Nous en avons beaucoup pour être de vrais dieux. (1)

Je ne m'arrêterai point à vanter l'intelli-

_____

(1) *Polyeucte*, acte IV, scène VI.

gence avec laquelle il faisait sonner le mot *beaucoup*, dont dépend la force de l'argument. Je veux seulement faire observer par quel moyen, indépendamment de la finesse et de la justesse de ses inflexions, il captivait l'attention des spectateurs. Entre le pénultième et le dernier vers, il s'approchait de Fabian, feignant d'examiner s'il ne pouvait être entendu; et, comme pour obliger son confident de ne pas perdre un mot de la fin du discours, il mettait une main sur l'épaule de Fabian avant de prononcer :

Nous en avons beaucoup pour être de vrais dieux.

Certains délicats de son temps ont prétendu que ce comédien dans la tragédie avait l'action trop familière. J'avoue qu'il tombait quelquefois dans ce défaut. Mais souvent on condamnait mal à propos en lui, comme trop voisins de la familiarité, des gestes et des tons sans lesquels son jeu n'aurait pas eu l'extrême vérité qui le distinguait. Un ton, un geste sont-ils vrais, sont-ils expressifs , ne dégradent-ils ni le personnage qui parle, ni celui avec qui il s'entretient, employez-les hardiment sans craindre de blesser la majesté de la tragédie.

Le comédien habile ne croit pas que les

finesses de son art se bornent au talent de prêter des ornemens aux ouvrages dramatiques. Il tâche d'en sauver les défauts.

. Cela ne lui est pas toujours possible : quelques uns ne peuvent se pallier. De cette espèce sont certaines expressions communes ou surannées qui se rencontrent dans les pièces du grand Corneille. On devrait pour toujours en retrancher ces taches, et les gens sensés aimeraient mieux voir plusieurs de ses vers tronqués, ou même entièrement supprimés, que de le voir exposé aux froides railleries des spectateurs d'un esprit superficiel. Ces prétendus Aristarques, peu capables de s'occuper long-temps d'un grand intérêt, en sont facilement détournés par les objets de la moindre importance. Dans la scène la plus majestueuse et la plus pathétique, perdant de vue les beautés supérieures dont elle est remplie, ils fixent leur attention sur une imperfection légère, qui souvent n'en est une que parce que la langue et les usages ont changé.

. A la place des comédiens, je ne supprimerais pas seulement quelques vers de Corneille; je rayerais de plusieurs pièces un grand nombre de déclamations inutiles qui font languir les scènes et refroidissent le spectateur. Je por-

terais plus loin la hardiesse, et je prendrais
pour des rôles entiers la liberté qu'ils ont
prise pour celui de l'Infante dans *le Cid*, et
pour celui de Livie dans *Cinna*. Si je ne pou-
vais par moi-même remédier aux fautes d'un
auteur, j'aurais recours aux personnes qui
exercent son art. J'engagerais quelques poètes
assez modestes, s'il en est, pour se donner
la peine de perfectionner les ouvrages des
autres, à corriger divers discours défectueux,
mais pourtant nécessaires, et surtout à couper
le dialogue dans les endroits où naturellement
un personnage doit être interrompu par celui
à qui il parle.

Sans doute il serait à souhaiter qu'on fît ces
changemens dans diverses tragédies et dans
diverses comédies, mais souvent elles peuvent s'en passer lorsqu'elles sont jouées par
de grands acteurs. Il faut qu'un défaut soit
extrêmement marqué pour qu'ils ne trouvent
pas le moyen de le faire disparaître.

L'auteur fait-il parler trop longuement le
personnage avec lequel ils sont en scène? ils
se gardent bien d'imiter ces actrices qui se
persuadent que dès qu'elles n'ont rien à
dire, elles son dispensées de prendre part
à l'action de la pièce, et qui pendant ce

temps s'amusent à parcourir des yeux la salle et l'assemblée. Par leur jeu muet ils ont l'art de parler, même pendant que l'auteur les condamne au silence.

Les discours qui leur sont adressés ne sont-ils pas trop longs, mais ce défaut se trouve-t-il dans ce qu'ils ont à répondre ? ils savent abréger une ennuyeuse tirade par la rapidité avec laquelle ils en débitent une partie, et par l'air d'importance qu'ils donnent à l'autre. Ce dernier article est un de leurs principaux soins : pourvu qu'il ne soit pas impossible de faire valoir un vers, ils possèdent le secret de donner aux plus faibles de la noblesse et de l'énergie. Tout se rectifie dans leur bouche : dès qu'ils le veulent, une pensée fausse semble acquérir de la justesse, et un sentiment peu naturel rentrer dans l'ordre de la nature.

J'ai donné le nom de magie à la déclamation, et en la voyant nous conduire à nous affliger de pompeuses chimères, quelquefois plus sincèrement que ne feraient plusieurs d'entre nous pour des événemens qui intéresseraient leurs parens ou leurs amis, on ne m'accusait pas de la décorer d'un titre trop fastueux. On m'en accusera encore moins à l'inspection du nouveau tableau que je viens de présenter.

Jusqu'ici nous avons considéré les finesses de l'art du comédien, seulement par rapport à ce qui constitue leur essence. Nous allons les considérer par rapport à leur différente destination : les unes appartiennent particulièrement au tragique ; les autres ne conviennent qu'au comique.

~~~~~~

CHAPITRE XIII.

Des finesses qui appartiennent au tragique.

On croit avec raison que l'objet de la tragédie est d'exciter de grands mouvemens : on conclut de là, que les acteurs tragiques ne peuvent trop continuellement s'y livrer, et l'on se trompe : souvent il importe que dans les instans où il semble aux âmes communes qu'ils devraient montrer la plus violente agitation, ils affectent la plus parfaite tranquillité ; les principales finesses de leur jeu sont renfermées dans l'art de savoir employer à propos ce contraste.

La tragédie se proposant de ne nous représenter la nature que par les côtés les plus imposans, le premier devoir des comédiens

qui chaussent le cothurne est de donner à chacun de leurs personnages tout l'air de grandeur dont il est susceptible. Jamais un héros
n'est plus grand que lorsque de puissans intérêts, des malheurs accablans, de cruelles of-
fenses, de vastes projets, ou de pressans dan-
gers, ne peuvent tirer son âme de son assiette
naturelle. Plus l'acteur tragique, sans contre-
dire les suppositions de l'auteur, nous offrira
cette image, plus il prouvera son habileté.

Les Horaces sont les trois guerriers sur lesquels Rome se repose de son sort. Albe fait
le même honneur aux trois Curiaces. Ces deux
familles sont unies par les liens les plus chers.
Corneille met dans le jeune Horace et dans le
dernier des Curiaces le même désir de la gloire,
le même dévouement pour la patrie; mais,
afin de varier ses caractères, il feint que le
second a plus de peine que le premier à triompher des sentimens de l'amour et de l'amitié.
Combien d'acteurs tragiques, pénétrant mal
les intentions de ce poète sublime, défigurent
la magnanimité du défenseur de Rome! Ils se
hâtent de métamorphoser sa force d'esprit en
férocité, et dans le temps qu'il n'est encore
que héros, ils en font un sauvage qui n'a rien
d'humain que la figure et la voix; encore quel-

quefois ne tient-il pas à eux qu'il ne ressemble
à l'homme ni par l'une ni par l'autre; je ne
dis pas lorsqu'il verse le sang de Camille (ils
seraient alors excusables), mais lorsqu'il ne
pense qu'à lui inspirer sa fermeté par ces vers :

> Armez-vous de constance, et montrez-vous ma sœur;
> Et si par mon trépas il retourne vainqueur,
> Ne le recevez point en meurtrier d'un frère,
> Mais en homme d'honneur qui fait ce qu'il doit faire,
> Qui sert bien son pays, et sait montrer à tous,
> Par sa haute vertu, qu'il est digne de vous.
> Comme si je vivais achevez l'hyménée.
> Mais si ce fer aussi tranche sa destinée,
> Faites à ma victoire un pareil traitement :
> Ne me reprochez point la mort de votre amant. .... (1)

Cependant il est évident qu'Horace donne
d'autant plus les marques d'une âme élevée,
que faisant à Rome un des plus grands sacri-
fices, il paraît plus tranquille.

Dans la tragédie des *Machabées*, Mizaël
raconte les cruautés inouïes exercées sur ses
frères. A cette affreuse peinture, la mère de
ce jeune héros s'arme d'une religieuse intré-
pidité, mais malgré ses efforts, les sentimens
de la nature l'emportent, et pendant un moment l'héroïne fait place à la mère. Mizaël

---

(1) Acte II, scène IV de la tragédie des *Horaces*.

s'en aperçoit, et la douleur de déchirer ainsi
le cœur de la personne qu'il chérit le plus,
l'engage à suspendre son récit. Elle lui dit :
Achève. La comédienne qui a remis depuis
quelque temps ce rôle au théâtre, prononce
ce mot avec le même sang-froid que si elle
demandait la suite de la relation d'un léger
accident arrivé à des personnes qui lui seraient étrangères. Elle redouble par cet art
notre admiration pour son héroïne qui, per-
cée des plus rudes coups, rassemble toutes
ses forces, afin de ne pas se laisser abattre
aux yeux de son fils, et de lui donner l'exemple
des vertus dont elle lui dicte les leçons.

La faveur éclatante dont Auguste honore
Cinna n'a pu détourner ce dernier de conspi-
rer contre son bienfaiteur : les desseins de ce
fameux conjuré sont découverts ; Auguste le
mande pour lui annoncer (1) qu'il connaît
toute sa perfidie. Qui ne voit que cet empereur imprimera d'autant plus de respect qu'il
laissera moins éclater d'emportement, et que
plus il a sujet d'être irrité de l'ingratitude
d'un traître qu'il a comblé de biens, et qui

_____

(1) *Cinna*, acte v, scène i.

veut le priver du trône et de la vie, plus on sera frappé de remarquer en lui la majesté d'un souverain qui juge, et non la colère d'un ennemi qui insulte?

Qui ne voit aussi que moins on paraît étonné de la grandeur des projets qu'on a conçus, plus on donne une haute idée des sources qu'on a pour les exécuter, et que par conséquent Mithridate produira plus cet effet en communiquant (1) d'un air simple à ses fils le plan des opérations par lesquelles il espère d'abaisser la fierté de Rome, qu'en le leur détaillant avec emphase, et du ton d'un homme qui veut qu'on admire l'étendue de son génie et la supériorité de son courage?

De même, qui peut disconvenir qu'on ne se rende suspect de n'être pas bien affermi contre le danger, lorsqu'on fait beaucoup de bruit à son approche; qu'au contraire notre mépris pour la mort se manifeste par la tranquillité avec laquelle nous l'envisageons; qu'ainsi la sœur d'Héraclius et Léontine prouvent mieux combien peu de terreur excitent en elles les menaces de Phocas, si elles disent

_____

(1) *Mithridate*, acte III, scène I.

à cet usurpateur avec une froide gravité :

Tyran, descends du trône, et fais place à ton maître. (1)

Devine si tu peux, et choisis si tu l'oses, (2)

que si elles prononcent ces vers d'un ton dé-
clamatoire, et avec de violens transports?

Après avoir lu ces réflexions on ne doutera
plus que la hauteur des sentimens ne soit une
condition essentielle pour jouer la tragédie.
Un acteur qui n'a pas l'âme élevée, bien loin
de pouvoir employer les contrastes que nous
exigeons, est à peine capable de les imaginer;
comment saura-t-il faire l'usage convenable
de ces oppositions dans les rôles où elles sont
fréquemment nécessaires? comment espère-
t-il donc de jouer d'une manière à satisfaire
les connaisseurs, plusieurs rôles des pièces
de Corneille, de M. de Voltaire et du fameux
auteur tragique que M. de Voltaire se fait
gloire d'avouer pour son maître (3), et que

___

(1) *Héraclius*, acte i, scène ii.

(2) *Ibid.*, acte iv, scène iii.

(3) M. de Voltaire, dans son discours de remerci-
ment à l'Académie Française, rend à M. de Crébillon
cet hommage également honorable et pour l'un et
pour l'autre.

Corneille ne ferait point difficulté de reconnaître pour son rival?

Ce n'est pas seulement lorsque ce peut
être un moyen de donner un air plus grand
à un personnage qu'on doit éviter la déclamation; on le doit aussi lorsque le poète
s'est permis des ornemens trop recherchés
dans un endroit qui ne demandait que des
expressions simples et touchantes. Plus un
comédien débitera fastueusement le récit de
Théramène, plus le luxe épique de ce récit
paraîtra déplacé.

Dans d'autres occasions il y a de l'adresse
à employer la pompe du débit; tantôt avec
ce secours, tantôt avec celui de la véhémence,
les acteurs réussissent à sauver plusieurs défauts dans les tragédies, particulièrement à
nous faire croire qu'une phrase inutile ajoute
quelque chose à ce qu'a dit l'auteur, ou à nous
dérober le gigantesque d'un sentiment.

La confidente de Médée lui disant (1) : *Que
vous reste-t-il?* Corneille dans un divin enthousiasme fait répondre par cette princesse,

_____

(1) Tout le monde connaît cet endroit de la *Médee*
de Corneille, à laquelle, malgré le nom de son auteur, les comédiens ont préféré celle de Longepierre.

Moi. Malheureusement il s'est trouvé embarrassé à remplir l'hémistiche suivant, et Médée continue : *Moi, dis-je, et c'est assez.* Plusieurs spectateurs ne s'apercevront pas de l'inutilité de cette répétition : peut-être même regarderont-ils ces mots, *Et c'est assez,* comme un développement nécessaire de ce qui précéde, si l'actrice, après avoir prononcé le premier *moi* avec une froideur majestueuse, met dans le second une certaine emphase.

Le même auteur, emporté par son feu, et il faut convenir que cela lui arrivait quelquefois, prête à Sabine dans les *Horaces* (1) un sentiment tout-à-fait déraisonnable en lui faisant dire à son époux et à son frère :

Que l'un de vous me tue, et que l'autre me venge.

Sabine montre-t-elle un emportement qui puisse faire présumer qu'elle n'a plus l'usage de sa raison? Le peu de vraisemblance de sa proposition est moins sensible. Cette sœur de Curiace proposerait-elle avec tranquillité à un frère et à un mari de devenir ses assassins? Elle révolte tout le monde par une folie si extraordinaire.

_____

(1) Acte II, scène VI.

On objectera que Corneille, par la texture même du discours, semble exiger que l'actrice donne à ses paroles un air réfléchi; mais c'est à une maîtresse de l'art de savoir surmonter cette difficulté en prenant d'abord le ton analogue à celui de l'auteur, et en passant par des degrés insensibles à l'agitation qui seul peut faire excuser le délire de Sabine.

Sans doute on s'attendait qu'en parlant des vers redondans, je citerais celui-ci :

Ou qu'un beau désespoir alors le secourût. (1)

Mais ne jugeant point comme plusieurs critiques que ce vers soit une inutilité, je prétends que l'auteur ne pouvait l'omettre sans rendre sa pensée incomplète. A la question : *Que vouliez-vous qu'il fît contre trois ?* Un père ne doit répondre *Qu'il mourût*, qu'en supposant que son fils a été dans l'impuissance de vaincre; souvent j'ai vu des comédiens déployer toute leur véhémence à ces mots *qu'il mourût*, et passer rapidement le reste de la réponse. J'imagine au contraire qu'il faut prononcer froidement le premier membre de la phrase, et le second avec une extrême chaleur.

---

(1) Dans la même tragédie, acte III, scène VI.

En analysant ainsi le dialogue d'une pièce tragique; en évitant que ce qui n'est pas défaut soit regardé comme tel; en nous cachant les vraies fautes, ou en les palliant; enfin en ajoutant un nouvel éclat aux beautés, vous obtiendrez la réputation de jouer la tragédie avec finesse. Pour soutenir cette réputation dans certaines scènes de dissimulation, telles que celles d'Ariane avec Thésée, de Médée avec Jason, de Mithridate avec Monime, vous aurez besoin d'une grande délicatesse de jeu. Le talent d'allier dans ces scènes la majesté du cothurne et le manége adroit d'une fausseté artificieuse, n'est donné qu'à un petit nombre d'acteurs et d'actrices.

Il n'est pas accordé à un plus grand nombre d'avoir la finesse de tact nécessaire pour garder, dans les tragédies dont les sujets sont pris de l'histoire moderne, le juste milieu entre le ton du haut tragique et celui de la simple comédie héroïque. Plusieurs acteurs, dès qu'ils se dépouillent de l'habit grec et romain, semblent perdre le privilége de parler et d'agir en héros; d'autres semblent ignorer que comme la tendresse, la grandeur a plusieurs caractères; qu'elle a chez certaines nations une austérité rigide, et chez d'autres

plus de douceur, et qu'il y a quelquefois entre
les mœurs des hommes autant d'éloignement
qu'entre les époques dans lesquelles ils ont
vécu. (1)

CHAPITRE XIV.

Des finesses particulières au comique.

Vous devez dans la tragédie nous présenter toujours votre personnage sous les faces

---

(1) Le théâtre gagnerait beaucoup si les comédiens
s'appliquaient à étudier non seulement ces différences,
mais encore celles qui distinguent les manières des
hommes des différens siècles et des différens pays.
Pour l'ordinaire, sur nos théâtres, Égyptien, Parthe,
Germain, tout a l'air français. Peut-être notre nation,
accoutumée à n'approuver que ses usages, se révol-
terait-elle les premières fois qu'elle verrait nos acteurs, dans la tragédie, emprunter les usages des
nations de leurs personnages. Dans la suite elle ap-
prouverait la réforme, et applaudirait aux réforma-
teurs. Du moins ne peut-on disconvenir qu'une observation plus exacte du costume ne rendît la représentation plus vraie. Outre que cette attention de la part
des comédiens donnerait plus de vérité au spectacle,
elle y jetterait plus de variété.

qui lui sont le plus avantageuses ; dans la comédie vous êtes souvent obligé de nous le présenter sous celles qui le lui sont moins. Elle se plaît singulièrement à nous peindre l'homme extravagant et faible.

On a vu dans la première Partie de cet ouvrage (1), que par un air ridiculement précieux, plutôt que par un sentiment réfléchi, quelques personnes mettaient une grande distance entre le comique noble et ce qu'elles appellent injurieusement le bas comique. En examinant d'un œil connaisseur plusieurs des pièces qu'elles rangent dans cette dernière classe, elles y trouveront pour le moins autant d'invention et d'esprit que dans telle autre à laquelle elles accordent beaucoup plus d'estime. En lisant ce Chapitre elles reconnaîtront aussi qu'il ne faut pas moins de génie à un acteur pour être supérieur dans un genre que pour exceller dans l'autre ; pourvu qu'elles m'accordent cette vérité, je conviendrai que dans le premier il est plus nécessaire que dans le second d'avoir la connaissance et l'usage du grand monde.

L'un et l'autre genre nous montrent la

(1) Livre II, chap. I.

nature imparfaite, mais le comique noble ne nous la montre que polie par l'éducation; ainsi les premiers acteurs comiques sont restraints à copier les ridicules que la vanité et la frivolité font régner successivement parmi les gens du bel air : je dis que la vanité et la frivolité font régner successivement, car la mode, particulièrement en France, influe sur les travers comme sur les ajustemens.

Au lieu que le comique noble ne nous montre la nature que polie par l'éducation, le comique du genre opposé nous la montre privée de cette culture. A cette différence près, non seulement les deux genres ont le même objet, celui de nous amuser par la peinture des égaremens de l'esprit et des faiblesses du cœur, mais encore ils puisent leurs finesse dans les mêmes sources, dont le nombre se réduit à deux. Les acteurs comiques excitent notre gaîté, ou par l'air risible qu'ils prêtent à leurs personnages, ou par le talent qu'ils ont de nous faire rire des autres personnages de la pièce.

Il est une infinité de moyens de satisfaire à la première obligation. Celui auquel il faut principalement avoir recours, est de profiter des circonstances qui peuvent servir à faire sortir le caractère de votre personnage. L'homme dont vous nous offrez le portrait, est un avare : deux bougies sont allumées dans sa chambre; il doit naturellement en éteindre une. Vous nous peignez un faux libéral : il est contraint de faire une largesse, et le hasard veut qu'il laisse tomber quelque monnaie; il doit la ramasser, et se hâter de la remettre dans sa bourse.

Presque toujours les caractères les plus simples sont mixtes. Chaque imperfection est l'assemblage de plusieurs autres. Sachez donc décomposer le défaut que vous avez à nous peindre, et développez-nous, autant que la constitution de la pièce pourra le permettre, ceux qu'il traîne à sa suite. Nous sommes accoutumés à voir un envieux chagrin et brusque. Un sot paraît toujours content de lui, et croit toujours que les autres doivent l'être.

Attachez-vous surtout à copier (1) les tics qui chez les gens de l'état de votre personnage ont coutume d'accompagner son ridicule do-

----

(1) Je suppose toujours que cela peut s'accorder avec la constitution de la pièce. On doit sous-entendre la même condition par rapport à ce qui sera dit dans les paragraphes suivans.

minant. Représentez-vous un suffisant titré? ayez l'air distrait, et ne regardez que rarement celui à qui vous adressez la parole. Un petit-maître de robe? prenez des manières affectées et précieuses. Dites avec langueur, *Cela est affreux. Il y a de quoi périr. Je suis furieux, désespéré.*

Non seulement profitez des moindres circonstances pour faire sortir le ridicule de votre personnage s'il en a quelqu'un; non seulement développez-nous les défauts, qui entrent dans la composition de son caractère et prêtez lui les tics communs chez les personnes de sa condition, mais encore si par hasard l'auteur a négligé de le caractériser par quelque travers, suppléez-y en lui donnant ceux qu'on peut vraisemblablement lui supposer. Si vous jouez le rôle du valet d'un riche impertinent, qu'on remarque en vous ce que peut sur les domestiques la contagion des mauvais exemples de leurs maîtres. Empruntez le ton et le maintien du fat que vous servez. Lorsque vous serez sur la scène avec quelque honnête artisan, qu'on lise dans vos yeux et dans votre action le plaisir que les personnes d'une condition vile ont à humilier quelqu'un dont ils envient la fortune sans la respecter.

Dans le jeu des passions qui agitent votre personnage, vous ne trouverez pas un moindre fond de comique. Ici, c'est une jeune personne tendre et ingénue. Ses sentimens doivent éclater par mille expressions naïves, telles que celles employées si heureusement dans la comédie de *l'Oracle* par une actrice dont on peut recommencer plus d'une fois l'éloge sans craindre d'ennuyer les lecteurs. Là, c'est une amante dissimulée qui veut cacher qu'elle aime, mais qui à chaque moment, par quelque signe involontaire, laisse deviner son amour. En quelques occasions, c'est l'art dont use une belle pour accorder les bienséances avec ses désirs. D'autres fois, c'est le chagrin de ne pouvoir porter cet art aussi loin qu'elle le désirerait. Une comédienne charmante, chez qui le naturel n'ôte rien à la finesse, et chez qui la finesse n'est jamais aux dépens du naturel, nous offre ingénieusement ce dernier tableau dans les *Trois Cousines* (1). Après qu'elle a grondé Marotte et Louison de ce qu'elles

_____

(1) Acte III, scène IV.

ont promis qu'elle irait en pélerinage avec
son amant et avec ceux de ces jeunes personnes, elle frappe rudement du pied la terre,
en disant : *Quand est-ce qu'ils partent?* Ce
serait une chose commune que ce mouvement dans l'instant où Colette condamne
l'imprudence des deux filles de la meunière.
Notre actrice a des vues plus fines. Ne pla-
çant cette marque de dépit que lorsqu'elle
s'informe du temps du départ de son amant,
elle exprime qu'elle est principalement occupée de la crainte de ne pas faire une assez
longue résistance, pour persuader à ses pa-
rentes que la seule complaisance la détermine à acquitter leur promesse.

Voulez-vous d'autres manières de nous
faire rire de votre personnage? que ses actions soient quelquefois contraires à ses intentions. Nous sommes toujours divertis par un
amant qui, transporté d'un violent courroux
contre sa maîtresse, veut la fuir, et qui par
habitude prend le chemin de l'appartement
de cette beauté; par un étourdi qui dit fort
haut ce qu'il désire de tenir secret; par un ba-
lourd qui, chargé de deux lettres pour des
maisons situées l'une à droite et l'autre à

gauche, ne fait pas attention, en se retour-
nant, que la maison qui était à sa gauche est
maintenant à sa droite.

Certaines disparates ne produisent pas
moins d'effet au théâtre. Dans la comédie des
Folies amoureuses (1), Albert ne partant
point à la mesure, et alléguant pour son excuse qu'il n'a pas l'honneur d'être musicien,
Agathe s'écrie,

> Pourquoi donc, ignorant, viens-tu, ne sachant rien,
> Interrompre un concert où ta seule présence
> Cause des contre-temps et de la discordance?
> Vit-on jamais un âne essayer des bémols,
> Et se mêler au chant des tendres rossignols?

Les spectateurs les plus atrabilaires ne garde-
ront point leur sérieux en voyant Crispin
s'incliner modestement, comme s'il avait part
à l'application que la belle fait du nom de
rossignol.

Après avoir songé à rendre votre personnage risible, vous devez chercher, si vous
vous proposez de jouer finement, à nous réjouir aux dépens des autres personnages de la
comédie. Vous pouvez souvent y réussir avec
les seuls secours que la pièce vous offre.

Ces secours sont de deux espèces. Par les

_____

(1) Acte II, scène VI.

uns, votre leçon vous est toute dictée, et pour les mettre à profit vous n'avez qu'à rendre littéralement votre rôle. Les autres ne vous servent qu'autant que vous savez en faire usage. De ce nombre sont certaines ironies délicates, certaines allusions malignes, qui ne sont pas distinctement prononcées par le dialogue. Elles vous fournissent les moyens de briller, mais en même temps elles ont besoin de votre art pour paraître avec tous leurs agrémens.

L'allusion renfermée dans ce vers,

Je m'amuse à chercher des simples dans ces lieux, (1)

échappera à plusieurs personnes, si le comédien ne détache pas du reste de la phrase le mot *simples*, et s'il ne nous avertit par une inflexion naïvement caustique, que Crispin donne à ce mot vis-à-vis de nous une autre signification que vis-à-vis d'Albert.

Qu'une actrice dans le *Tartufe*, sans changer de ton au dernier hémistiche du second vers, dise :

Il est bien difficile enfin d'être fidèle
A de certains maris *faits d'un certain modèle*. (2)

_____

(1) *Folies amoureuses*, acte I, scène v.
(2) Acte II, scène II.

Combien de gens ne soupçonneront point qu'Orgon est le modèle dont veut parler Dorine ?

Une des ressources les plus sûres que vous puissiez trouver dans la pièce pour nous divertir aux dépens des autres personnages, est l'occasion que l'auteur vous donne de parodier quelques uns d'eux. Ces imitations sont fréquentes dans la comédie. Elles sont supposées être dictées tantôt par le ressentiment, ainsi que dans la scène du *Misanthrope* où Célimène emprunte les tons par lesquels la prude et jalouse Arsinoé a couvert du voile de l'amitié ses discours désobligeans; tantôt par le simple enjouement, comme lorsque Damon dans *le Philosophe marié* répète après Céliante :

Ce portrait-là n'est pas fort à votre avantage;
Mais, malgré vos défauts, je vous aime à la rage. (1)

Et lorsque Pasquin dans *l'Homme à bonnes Fortunes* (1), affectant les grands airs de son maître, adresse à Marton les mêmes discours tenus par Moncade à cette suivante : *Suis-je*

---

(1) Acte ii, scène v.
(2) Acte i, scène xii.

bien, Marton?.... *Adieu, mon enfant....Je*
vous souhaite le bonjour.

Autant ces imitations plaisent-elles quand
elles sont rendues avec la finesse convenable,
autant deviennent-elles froides et insipides
quand elles n'ont pas cet avantage. Dans ce
dernier cas c'est un portrait sans vie; dans
l'autre, c'est un portrait qui respire et qui
pense.

Plusieurs personnes de théâtre ne mettront
entre les imitations que je viens de citer
d'autres différences que celles qu'y supposent
la condition et le sexe des personnages. Les
acteurs et les actrices d'un ordre supérieur y
en mettront de plus délicates. Ils remarque-
ront qu'il est permis à Damon et à Pasquin
de faire éclater leur malice; qu'au contraire
Célimène doit dissimuler la sienne, que Damon et le valet de *l'Homme à bonnes For-*
tunes peuvent copier tous les tons de Céliante
et de Moncade, mais que la maîtresse du
Misanthrope ne peut emprunter que quelques
uns de ceux d'Arsinoé; que si elle ne doit
pas de fort grands égards à une fausse amie,
elle s'en doit à elle-même, et qu'il faut qu'elle
évite d'amener entre elles la rupture à un
éclat déshonorant pour l'une et pour l'autre.

Lorsque les grands acteurs ne peuvent tirer de la pièce les secours dont ils ont besoin, ils les tirent de leur propre génie. Guidés par ce maître, ils s'ouvrent plusieurs routes qui les conduisent au but proposé.

Ce sera quelquefois un trait de malignité semblable à celui imaginé par l'actrice qui représente la comtesse dans *l'Inconnu*. Au divertissement du troisième acte (1) une prétendue Bohémienne, en feignant de tirer l'horoscope de la comtesse, lui dit :

> Votre cœur est brigué par quantité d'amans ;
> Mais le premier de tous pourrait s'en rendre maître,
> Si le dernier, sans se faire connaître,
> Ne vous inspirait pas de tendres sentimens.

La comédienne à qui s'adresse ce discours, se tourne malicieusement du côté du marquis (2) après avoir entendu ce dernier vers,

---

(1) Feu Dancourt, comme on sait, a substitué aux anciens intermèdes de la comédie de *l'Inconnu* cinq nouveaux divertissemens. Il s'agit ici de celui qu'il a composé pour le troisième acte. On trouve les paroles de ces divertissemens dans le Recueil des œuvres du comédien que je cite.

(2) Il faut se souvenir que le marquis est en même temps et ce premier amant, et l'inconnu dont parle la fausse bohémienne, mais que la comtesse n'en est pas instruite.

et pour peu qu'on se souvienne de l'effet produit par le coup d'œil moqueur qu'elle lui
jette, on reconnaîtra combien le génie de
l'auteur gagne à être aidé de celui du comédien.

Souvent c'est un contre-temps qui nous
réjouit d'autant plus qu'il cause plus d'impatience à quelque personnage. Deux personnes
s'introduisent dans une maison. Il importe à
l'une qu'on ignore qu'elle y est entrée. L'autre, par le bruit qu'elle fait, l'expose à être
découverte. Un maître croit ne pouvoir assez
tôt lire une lettre que son valet lui apporte.
Celui-ci le désespère par la lenteur avec laquelle il la cherche ou par l'étourderie avec
laquelle il prend un papier pour un autre.
Éraste, dans *les Folies amoureuses* (1), ouvre
avec empressement le billet qu'Agathe, à la
faveur d'un feint délire musical, a trouvé le
moyen de lui remettre. On compte qu'il va
lire tranquillement ce billet. Tout à coup
Crispin interrompt son maître en répétant à
plusieurs reprises les dernières notes chantées
par la jeune pupille d'Albert. Cette saillie
est extrêmement comique, parce qu'on ne

_____

(1) Acte II, scène VII.

peut qu'être agréablement surpris par l'obstacle imprévu qui trouble la lecture d'Éraste. Cette même saillie a de plus le mérite d'être dans la plus exacte vraisemblance, parce que la fureur du chant semble être une maladie dont nous ne pouvons presque nous garantir lorsque nous avons entendu beaucoup chanter ou jouer des instrumens. De pareils contre-temps inventés et placés avec art, renferment un double avantage : ils nous font rire et du personnage qui en est la cause, et de celui qui en souffre quelque incommodité.

Je rendrais ce Chapitre trop long si je voulais indiquer tous les moyens par lesquels en représentant un personnage on nous procure l'occasion de nous moquer des autres personnages de la pièce. Pour ne pas ennuyer les lecteurs, je passe aux conseils qu'on peut donner aux comédiens sur ce qui regarde en général l'usage des finesses.

CHAPITRE XV.

Règles à observer dans l'usage des finesses.

Par divers exemples que j'ai rapportés, il est aisé de s'apercevoir que plusieurs finesses contribuent seulement à rendre la représentation plus agréable. Autant qu'il est possible elles doivent, de même que celles qui sont destinées à la rendre plus vraie, naître naturellement des suppositions établies par l'auteur, et lorsqu'elles n'ont pas cet avantage on désire du moins qu'elles ne paraissent pas trop recherchées.

Surtout il ne faut point vouloir donner de l'esprit à la personne que vous représentez, lorsqu'elle est censée devoir n'en point avoir ou n'en avoir que peu. Il ne faut pas non plus employer une finesse qui suppose dans le personnage une entière liberté de raison, lorsque le trouble qui l'agite ne lui permet pas d'avoir une certaine attention à ce qu'il fait et à ce qu'il dit.

Ces deux règles sont fondées sur une qui est la base de toutes les autres. Quand on ne

peut mettre de finesse sans nuire à la vérité,
il est essentiel de préférer le jeu vrai au
jeu fin.

A cette maxime j'ajouterai celle-ci. Il est
plus sage de n'employer aucune finesse que
d'en hasarder de manquées. En fait d'impressions agréables, nous aimons mieux n'en
point éprouver que d'en éprouver d'impar-
faites.

Quelquefois pour vouloir jouer trop finement un rôle, on le joue moins bien. Les
traits ingénieux ne réussissent qu'autant qu'ils
partent de source, et l'on ne commande pas
toujours au génie. Dispensant librement ses
richesses, il ne les accorde jamais à qui veut
les obtenir de force. Quand il refuse d'aider
les comédiens ils ne doivent point songer à
lui faire violence.

Pourvu que leur jeu soit vrai, il plaira
suffisamment au plus grand nombre. Montmeny qui représentait si admirablement l'A-
vocat Patelin, le vieux débauché dans *Tur-
caret*, le valet dans *les Bourgeoises à la
mode*, M. de Lorme dans *les Trois Cousines*,
et en général tous les paysans, jouait très
médiocrement le rôle du Philosophe marié,
Du moins y était-il fort inférieur à l'acteur

ingénieux qui le premier a représenté ce personnage, et à un autre comédien (1) appelé
de la province pour réparer une des plus
grandes pertes que le théâtre de Paris ait
faites. Cependant, parce qu'il était toujours
vrai et naturel, il était applaudi par la multitude dans ce rôle comme dans les autres, et
peut-être l'aurait-il été moins si, en forçant
son génie pour jouer avec plus de finesse, il
se fût exposé à jouer avec moins de vérité.

CHAPITRE XVI.

Des jeux de théâtre.

ENTRE les finesses, les unes pour être sen-
ties n'ont besoin que d'être écoutée; d'autres ont besoin d'être vues, et même quelquefois ne sont destinées qu'à l'amusement

---

(1) Ce dernier acteur, encore plus estimable par
ses mœurs que par son esprit et ses talens, non seulement joue beaucoup plus finement que Montmeny le
rôle du Philosophe marié, mais fait valoir extrêmement, dans la pièce de *Mélanide*, le rôle de Théo-
don, qui, joué par Montmeny, n'avait pas obtenu les
applaudissemens qu'il mérite.

des yeux. Ces dernières se nomment *jeux de théâtre*. Par rapport aux auteurs dramatiques, l'acception de cette dénomination est moins bornée; mais par rapport aux comédiens, elle signifie seulement ce qui peut faire tableau pour le spectateur. (1)

Ainsi que les autres finesses, les jeux de théâtre contribuent à la vérité ou au seul agrément de la représentation. Ceux de la première classe conviennent autant à la tragédie qu'à la comédie. Les autres au contraire sont particulièrement du ressort de la comédie.

Plus ceux-ci ont une liaison intime avec l'action de la pièce, plus sans doute ils sont parfaits. Mais cela n'est pas absolument essentiel. Il suffit qu'ils n'y soient pas contraires et qu'ils soient vraisemblables.

Pendant qu'Albert s'entretient avec

_____

(1) En général, il ne peut y avoir trop de jeux de théâtre de toute espèce dans la comédie. Il ne peut en particulier y en avoir trop de ceux de l'espèce dont il est ici question. Une comédie est faite pour être jouée, non pour être simplement récitée. Dire qu'elle gagnera beaucoup à la lecture, c'est dire qu'elle manque de plusieurs des agrémens qu'on exige dans la représentation.

Éraste (1), Crispin fait diverses tentatives pour s'introduire dans la maison du jaloux. Ne pouvant y réussir, il s'en dédommage en fouillant dans la poche du tuteur d'Agathe. Ces deux incidens sont inutiles à la marche de l'intrigue de la comédie, mais ils n'y nuisent point. De plus, ils excitent notre gaîté sans blesser la vraisemblance. Il est très naturel que, soit par le désir de servir Éraste, soit par le plaisir d'impatienter Albert, soit enfin par simple curiosité, Crispin cherche le moyen d'avoir une conversation avec Agathe ou du moins avec la suivante de cette belle. Lorsque Albert, pour empêcher ce valet d'exécuter son dessein, l'arrête de façon qu'il ne peut échapper, il n'est pas non plus extraordinaire que Crispin, tant pour se venger du jaloux que pour l'obliger de le laisser libre, s'amuse à recorder les leçons qu'il a reçues en faisant la guerre avec les Miquelets.

Les jeux de théâtre qui contribuent à la vérité de la représentation, et ceux qui servent seulement à la rendre plus agréable, peuvent s'exécuter par une seule personne,

_____

(1) *Folies amoureuses*, acte II, scène IV.

ou ils dépendent du concours de plusieurs
acteurs.

Dans les deux suppositions nous voulons
que les mœurs soient toujours respectées.
Il sied à la comédie d'être enjouée, non
d'être libertine. Tout badinage dont les
femmes ne peuvent rire avec décence, lui
est interdit. On ne lui permet pas même
le badinage qui dégénère en plate bouf-
fonnerie. Le comédien ne doit point tra-
vestir Thalie en une vile baladine.

Lorsque les jeux de théâtre dépendent du
concours de plusieurs acteurs, ceux-ci doivent
se concerter tellement qu'il règne dans le
rapport de leurs positions et de leurs mouvemens toute la précision nécessaire. Phèdre
enlève l'épée d'Hippolyte. L'acteur et l'actrice n'ont-ils pas pris leurs mesures avec
assez de justesse pour ne pas se trouver dans
cet instant trop éloignés l'un de l'autre, et
pour que l'actrice n'ait pas besoin de chercher l'arme dont elle veut se saisir ? Ce tableau n'a plus l'air vrai.

Si des acteurs étant supposés éprouver la
même impression, leur action doit être de
même genre, ils ont deux règles à observer.

La vraisemblance exige que le degré de

leur expression soit proportionné au degré d'intérêt que leurs personnages prennent à l'action qui se passe sur la scène. Dans les images que nous offre le spectacle, de même que dans les tableaux, la figure principale doit avoir toujours sur les autres le privilége de fixer principalement les regards.

Il n'est pas moins essentiel, dans les jeux dont il s'agit, que les attitudes et les gestes des divers acteurs contrastent ensemble le plus qu'il est possible. Tout au théâtre doit être varié. Nous y portons le goût pour la diversité à un tel point, que nous voulons non seulement que les acteurs diffèrent entre eux, mais encore que chaque jour ils diffèrent d'eux-mêmes, du moins à certains égards. C'est ce qui fera le sujet du Chapitre suivant.

CHAPITRE XVII.

De la variété.

Il n'est pas douteux que la variété ne soit nécessaire aux acteurs qui veulent en même temps primer dans les deux genres dramatiques ; il ne l'est pas non plus qu'elle ne le soit même à ceux qui se bornent à l'un des deux genres, lorsque dans celui qu'ils choisissent ils ne se bornent pas à un seul caractère. Surtout il est manifeste que dans ce dernier cas elle est encore plus essentielle à l'acteur comique qu'à l'acteur tragique.

La comédie s'égaie indifféremment à tout peindre, et tout original est bon pour elle dès qu'elle espère de faire rire de la copie. Moins libre dans le choix des sujets de ses tableaux, la tragédie a coutume de n'offrir à nos regards que des personnages illustres. Son principal objet est de nous toucher par des malheurs extraordinaires, ou de nous étonner et de nous instruire par de grands exemples, et elle se met peu en peine que les héros d'une pièce ressemblent à ceux d'une autre. Pourvu

qu'elle nous conduise par l'incertitude, par la
crainte et par les larmes, jusqu'à la catastro-
phe, nous sommes contens, et lorsque les
acteurs qu'elle introduit sur la scène sont placés dans une situation intéressante et neuve,
lorsqu'ils agissent et parlent convenablement
à leur situation, nous n'examinons point s'ils
ont les mêmes caractères que nous avons vus
déjà plusieurs fois au théâtre; nous ne nous
ennuyons pas même d'y voir reparaître les
mêmes héros, si par de nouveaux moyens ils
nous replongent dans de nouvelles alarmes.

Ainsi, au lieu que l'acteur tragique, même
en embrassant tous les genres de la tragédie,
et en jouant également dans le tendre, dans
le majestueux et dans le terrible, ne représente jamais que des hommes d'un ordre supérieur, et n'a qu'un petit nombre de caractères à copier, l'acteur qui dans le comique
n'adopte pas une espèce particulière de rôles,
représente des hommes fort distans les uns des
autres, par la naissance, par la profession et
par les façons de penser et de sentir. Dans
une pièce homme de cour, et dans une autre
simple citadin; aujourd'hui militaire étourdi,
et demain grave magistrat; alternativement
impérieux et soumis, badin et sérieux, indif-

férent et tendre, simple et rusé, il doit chaque jour, non seulement changer son extérieur, ses tons et son action, mais encore,
pour ainsi dire, changer de manière.

Sur la différence que nous établissons entre
l'acteur tragique et l'acteur comique, les comédiens pensent de même que le spectateur.
Ils pensent aussi de même que lui sur la nécessité dans laquelle ils sont de prendre diverses formes, lorsqu'ils veulent en même
temps chausser le cothurne et le brodequin,
et même lorsque, se renfermant dans le genre
comique, ils ont l'ambition d'y jouer des
rôles de nature différente. Mais ils croient
être dispensés de varier leur jeu dès qu'ils se
destinent à ne jouer que des rôles de même
nature, et cette erreur produit au théâtre une
uniformité, qui n'est pas moins déraisonnable
qu'ennuyeuse.

Quelque ressemblance qui soit entre certains personnages, ils diffèrent toujours par
quelques nuances. Le beau-père du Glorieux
et l'Oncle du Philosophe marié n'ont un
même caractère que pour les juges auxquels
échappent ces nuances délicates. Lisimon et
Géronte sont tous les deux brusques; mais ils
le sont de diverses manières et par des prin-

cipes différens : la brusquerie du premier n'a
rien d'arrogant ni d'injurieux ; celle du second est hautaine et désobligeante : l'une
peu subsister sans sottise et sans vices ; l'autre
suppose la grossièreté de l'esprit et la dureté
du cœur. En s'appliquant à caractériser ce qui
distingue ces deux financiers, l'acteur fera
disparaître leur prétendue ressemblance. Qu'il
analyse ainsi chacun des rôles qui paraissent
à peu près semblables : de cette étude naîtra
nécessairement de la diversité dans son jeu.

Ce n'est pas assez que les comédiens varient
leur jeu, lorsqu'ils jouent des rôles qui se
ressemblent : il faut qu'ils le varient lorsqu'ils
jouent le même rôle ; le peu d'attention qu'ils
font à cet article est une des principales causes
de notre répugnance à voir plusieurs fois de
suite la même pièce. Particulièrement dans
la comédie, rien n'est plus insupportable que
l'habitude constante d'un acteur à employer
toujours dans les mêmes instans les mêmes
inflexions, les mêmes gestes et les mêmes attitudes ; autant vaudrait-il contempler assi-
duement dans une montre le retour pério-
dique des mêmes mouvemens. Il est des jeux
de théâtre annexés à certaines scènes, surtout
dans les pièces comiques ; on en souffre, et

même on en aime la répétition, mais on ne veut point qu'ils soient toujours répétés de la même manière.

Les personnes de théâtre ne sont pour l'ordinaire si uniformes que parce qu'elles jouent plus de mémoire que de sentiment. Quand un acteur qui a du feu est bien pénétré de sa situation, quand il a le don de se transformer en son personnage, il n'a pas besoin d'étude pour varier. Quoique obligé, en jouant le même rôle, de paraître le même homme, il trouve le moyen de paraître toujours nouveau.

CHAPITRE XVIII.

Des grâces.

Votre jeu est-il parfaitement vrai? est-il naturel? est-il fin et varié? nous vous admirons; mais il vous manquera encore quelque chose pour nous plaire, si vous ne joignez à ces avantages les grâces du débit et de l'action.

En annonçant que tout doit être majestueux dans la tragédie, j'ai renfermé en un seul mot tout ce qu'on peut dire sur les grâces qui lui

sont propres. Si je n'avais craint de donner
trop d'étendue au Chapitre dans lequel j'ai
traité des finesses particulières à la comédie,
j'aurais parlé des grâces nécessaires aux acteurs comiques.

L'art d'emprunter ces grâces est une des
finesses les plus délicates du comique noble.
C'est dommage qu'il ne soit pas plus aisé de
définir cet art que d'en donner des préceptes :
on peut dire seulement qu'en général il consiste à rendre la nature élégante jusque dans
ses défauts, Si l'on veut mieux le connaître,
qu'on fasse attention à la manière dont un
comédien que j'ai déjà cité plusieurs fois,
joue le Chevalier à la mode, le Fat puni, et
le jeune Libertin de *l'École des mères.* Ces
rôles, à la vérité, sont des plus avantageux
qu'il y ait au théâtre : mais plus ils renferment d'agrémens, plus ils exigent chez l'acteur cette espèce d'élégance dont il est ici
question.

Quiconque n'est pas capable de donner à
son jeu cette élégance aimable, fera sagement
de renoncer au haut comique, et ce que je
conseille aux acteurs, je le recommande encore plus aux actrices. A la rigueur, sans
avoir les airs de nos femmes de cour, elles

peuvent se charger du rôle de la Comtesse
dans *le Joueur*, et de quelques autres rôles
semblables dans les comédies du dernier siècle.
Mais qu'elles n'entreprennent point de jouer
le rôle brillant de Céliante dans *le Philosophe
marié*. Jaloux de ne voir altérer aucune des
beautés d'une pièce qui, si l'on n'en connaissait pas l'auteur, pourrait être attribuée à
Molière, nous voulons trouver en Céliante une
folle, mais nous souhaitons qu'elle extravague
en folle de qualité.

Dans l'exemple du rôle de Céliante, on peut
prendre une idée de ce que j'ai eu précisément
en vue, lorsque j'ai dit (1) que les premiers
comiques devaient toujours nous représenter
la nature, sinon corrigée, du moins polie par
l'éducation. Il est sensible qu'en avançant cette
maxime, je n'ai pas pensé à la politesse proprement dite, à cette douce urbanité, le lien
des esprits et des cœurs toujours attentive à
l'observation des égards, mais les observant
toujours de manière que la personne qui les
reçoit n'en est pas gênée, et que celle qui les a
n'en paraît pas avilie. Si, dans divers rôles du
haut comique, on est obligé de nous peindre

---

(1) Chap. xiv de cette seconde Partie.

cette urbanité, non seulement dans plusieurs autres on en est dispensé, mais encore c'est un devoir d'en violer les règles. Autant Mélite (1) en est fidèle observatrice, autant sa sœur s'y assujettit peu. Communément nos petits-maîtres ne s'y assujettissent pas davantage, et quelquefois c'est une finesse d'art chez l'acteur, de suivre leur exemple en ce point, même sans que le dialogue semble l'exiger. Le tuteur de la pupille avertit le chevalier de ne plus compter sur l'amour de cette belle. Que le jeune étourdi réponde d'un ton simple d'interrogation : *Plaît-il, monsieur ?* il ne paraîtra qu'avoir mal entendu ce qu'on lui a dit. Qu'il prenne, au contraire, un ton ironique et avantageux ; par cette dernière impertinence, il ajoutera une force de touche au caractère de fatuité qu'il a fait éclater dans les scènes précédentes. Il s'agit donc moins, dans les rôles de cette nature, de nous offrir le portrait d'une personne dont la bonne compagnie a formé et perfectionné les mœurs, que de nous offrir celui d'une dont l'extérieur est façonné par le commerce des gens du bel air.

---

(1) L'épouse du *Philosophe marié.*

Ce vernis séduisant, cet élégant je ne sais quoi, qui nous charme dans le jeu comique du genre noble, y est partout nécessaire. Il varie selon les tableaux, mais on veut toujours le reconnaître. Tantôt ce sont les grâces vives qui distinguent la jeunesse française, et qui seraient les plus désirables de toutes, si elles n'étaient pas si souvent en divorce avec les qualités solides et essentielles; tantôt ce sont des grâces moins enjouées. La gaîté frivole du petit-maître ne sied point au Glorieux, ni même à l'Homme à bonnes fortunes. Elle s'accorde mal avec le caractère d'un important toujours occupé du soin d'imprimer le respect, ou de la crainte qu'on ne lui en manque, et avec le système d'un galant scélérat qui se fait une étude de tromper méthodiquement des beautés crédules.

De même que l'Homme à bonnes fortunes, le Chevalier à la mode trompe plusieurs femmes. Mais le dessein du premier est d'allumer de vraies passions, et le second ne songe qu'à faire naître un entêtement de passage qui l'enrichisse. Pour exciter ces folies momentanées dans quelques cerveaux féminins, l'étourderie et la légèreté sont souvent une recette suffisante. Elles sont donc permises au

Chevalier à la mode; elles ne le sont ni au Glorieux ni à Moncade. L'un et l'autre doivent nous montrer un dehors plus sérieux; mais il faut que leur sérieux se pare de tous les agrémens que supposent la jeunesse et la condition du personnage, et dont peut s'accommoder son caractère.

Il n'importe pas moins, même en représentant des personnages auxquels les agrémens paraissent être beaucoup moins essentiels, de ne pas négliger ceux qu'on peut leur prêter avec quelque vraisemblance. Orgon dans *le Tartufe* est un homme qui a vécu à la cour, et qui a servi avec distinction dans les armées; c'est nous en présenter une fausse copie que d'en faire un plat bourgeois d'une petite ville de province. Le beau-père du Glorieux est un financier du temps présent; il peut être risible par son ton familier, décisif et brusque, mais il ne doit point être grossier dans son maintien ni dans son action.

Je dirai plus : je soupçonne que le jeu communément adopté pour quelques autres rôles n'est pas raisonnable. Pourquoi le Vadius et le Trissotin des *Femmes savantes* doivent-ils être peints plutôt comme des pédans dont toutes les façons sont gauches et maussades,

que comme des auteurs qui peuvent être ridicules par leur prévention pour leurs ouvrages,
sans l'être à un certain point par leur extérieur? Qu'ils aient quelque affectation dans le
marcher, dans les gestes, dans les tons, j'y
consens; mais que par une charge absurde
on n'en fasse point des Mamuras. (1)

. Puisque nous demandons des grâces, même
quand on copie des défauts, à plus forte raison
en demandons-nous quand on représente des
personnages caractérisés seulement par quelque faiblesse, surtout si ces personnages sont
destinés à exciter l'intérêt.

Par intérêt, je n'entends pas ici l'émotion
tendre que produisent les malheurs de Mélanide et de l'épouse de Durval (2); j'entends
seulement l'affection que nous inspire un personnage, ce sentiment auquel nous sommes
portés pour l'Agnès de *l'École des Femmes*,
pour l'amante de Charmant et pour Zénéide;
particulièrement toutes les fois que ces rôles
sont joués par une actrice dont les tons enchanteurs paraissent être le langage d'Hébé,
de la nature et de l'amour.

_____

(1) Nom du pédagogue qui sert de précepteur au
fils du Grondeur.

(2) L'héroïne de la pièce du *Préjugé à la mode*.

Dans ces rôles, les grâces naïves sont les plus importantes; dans d'autres, ce sont les grâces nobles qui sont les plus nécessaires. L'amour blessant tous les cœurs des mêmes traits, les effets que produisent ses coups sont les mêmes chez tous les hommes. Cependant ces effets, selon la différence de l'éducation, sont accompagnés d'accessoires différens. Des comédiennes douées des talens de l'actrice ci-dessus désignée, et d'une autre qui partage avec elle les rôles d'amantes dans le haut comique, sentent et font sentir cette différence. La tendresse chez elles, lorsque les circonstances l'exigent, porte jusque dans ses faiblesse l'air de dignité.

Et qu'on ne croie pas que le privilége de nous réjouir soit incompatible avec les grâces nobles. Supposé qu'on eût cette opinion, on la perdrait bientôt en voyant la seconde des deux actrices dont je parle, représenter la veuve dans *la Surprise de l'Amour* (1). La noblesse du jeu de la comédienne n'empêche pas que nous ne soyons extrêmement divertis de l'illusion d'une tendre douairière qui, à

_____

(1) Celle que M. de Marivaux a donnée au Théâtre-Français.

mesure que son amour augmente, se persuade qu'elle perd son amitié pour son amant.

Qu'on ne croie pas non plus que nous n'exigions des grâces que chez les acteurs qui jouent dans le haut comique : nous en exigeons même chez ceux dont les personnages sont dispensés d'en avoir. Chaque objet est susceptible d'une espèce de perfection, et sur la scène il importe de n'en présenter aucun qui ne soit aussi parfait qu'il peut l'être. Que votre personnage ressemble aux personnes de sa condition, mais qu'il leur ressemble en beau. Colette au théâtre n'est pas la même que dans son village ; il doit y avoir entre ses manières et celles de ses pareilles la même différence qui est entre ses habits et ceux d'une paysanne ordinaire.

~~~~~~

CHAPITRE XIX.

De quelques parties de l'art du comédien, inférieures à celles qui jusqu'ici ont fait l'objet de nos réflexions.

APRÈS avoir essayé de faire connaître les parties les plus nobles de l'art du comédien, il me reste à parler de quelques unes moins dignes d'estime, mais non moins nécessaires. Dans les Chapitres précédens, j'ai considéré ce qu'une personne de théâtre doit s'efforcer d'être, relativement aux personnages qu'elle représente. Dans ce Chapitre, je considérerai ce qu'elle doit observer, indépendamment de l'effet qu'elle veut que tel ou tel personnage produise.

De quelque nature qu'elle se propose que soit cet effet, elle ne peut se passer d'une articulation distincte.

L'habileté à marquer les suspensions du sens, et à ne donner à chacune que la durée qu'elle doit avoir, n'est pas moins essentielle dans la récitation que le soin de bien articuler. Plusieurs comédiens auraient besoin

des conseils de quelque homme de lettres,
pour réformer la mauvaise ponctuation des
éditions dans lesquelles ils étudient leurs
rôles.

Il est une autre espèce de ponctuation qui
n'est pas du ressort de la grammaire, et qu'ils
ne doivent point négliger; on peut l'appeler
ponctuation de prévoyance. C'est l'art de se
ménager adroitement un repos, afin de pouvoir débiter, sans reprendre haleine, une
longue suite de paroles qu'il convient de réciter sans interruption.

Ce n'est pas assez que les acteurs articulent
distinctement et qu'ils ponctuent avec intelligence, il faut qu'ils s'attachent à soutenir
leurs finales. Souvent, si l'on nous dérobe
le dernier mot d'une phrase, nous ne pouvons sentir toute la force du sens, ou découvrir quelque rapport que l'auteur veut nous
faire apercevoir.

En même temps qu'il nous importe de ne
rien perdre de ce que dit le comédien, il
nous importe de l'entendre avec plaisir. Nous
lui avons indiqué les principaux moyens par
lesquels il peut nous procurer cette satisfaction; nous n'avons pas fait l'énumération de
tous ceux qui peuvent l'empêcher d'y réussir.

Ne lui laissons pas ignorer qu'une façon de
parler indolente, une respiration entrecoupée
par de fréquens hoquets, l'habitude de siffler
en déclamant, et l'affectation de peser sur
chaque syllabe, ne nuisent pas moins que la
monotonie à l'agrément de la représentation.

Quelques personnes de théâtre, dans la tragédie, rendent, par ce dernier défaut, leur
déclamation pédantesque; d'autres rendent
leur jeu froid, en négligeant d'appuyer sur
certains mots auxquels l'effet du discours est
principalement attaché, tels que ceux distingués par des lettres italiques dans ces vers :

> Au seul nom de César, d'Auguste, d'empereur,
> Vous eussiez vu leurs yeux *s'enflammer* de fureur,
> Et dans un même instant, par un effet contraire,
> Leur front pâlir d'horreur, et *rougir* de colère.
> Amis, leur ai-je dit, voici le jour heureux
> Qui doit conclure enfin nos desseins généreux.
> Le ciel entre nos mains a mis le sort de Rome,
> Et son salut dépend de la perte d'un homme,
> *Si l'on doit le nom d'homme* à qui n'a rien d'humain,
> A ce *tigre* altéré de tout le sang humain.
> Combien, pour le répandre, a-t-il formé de brigues !
> Combien de fois changé de partis et de ligues !
> Tantôt ami d'Antoine, et tantôt ennemi,
> Et jamais *insolent* ni cruel à demi. (1)

(1) Tragédie de *Cinna*, acte I, scène II.

L'obligation de frapper avec force sur plusieurs termes n'est pas égale pour tous les tragiques; elle ne regarde ordinairement que ceux qui remplissent sur la scène les principaux emplois. Nous avons dit ailleurs (1) que le degré d'expression, chez les acteurs, devait être proportionné au degré d'intérêt que leurs personnages prenaient à l'action; le débit doit être aussi plus ou moins mâle, selon que dans la pièce le personnage fait une figure plus ou moins considérable.

C'est donc faussement qu'on pense qu'il en est du dialogue déclamé comme de celui mis en musique, et qu'un acteur, en répondant, doit emprunter la même modulation dont s'est servi celui qui lui a parlé; sans doute il est nécessaire que tous les comédiens parlent assez haut pour être entendus; donc il est une modulation au-dessous de laquelle ils ne peuvent jamais descendre, parce qu'autrement ce qu'ils diraient serait en pure perte pour une partie des spectateurs. Il est aussi peut-être nécessaire que dans les scènes de pur raisonnement, ou dans celles entre deux personnages qui éprouvent la même impression,

_____

(1) Chap. des jeux de théâtre.

les interlocuteurs emploient une modulation commune ; mais, dans les autres scènes, ils peuvent s'en dispenser ; il convient même que, pour répandre plus de vivacité, ils en usent ainsi. Les tragiques principalement doivent avoir cette attention, et, pour cela, ils ont une raison de plus. Un sujet, quelque élevé qu'il soit, a coutume, en parlant à son monarque, de mettre dans ses tons la même subordination qui est entre son rang et celui de ce souverain. Nous exigeons, sur la scène, cette dégradation de nuances entre un héros et son confident.

Aussi bien que la récitation, l'action a ses parties mécaniques. On peut regarder comme telle la nécessité de se conformer à diverses règles prescrites pour les gestes, et dont nous n'avons point fait mention.

Chez un comédien dont le personnage est destiné à exciter l'intérêt, non seulement ils doivent être, ainsi que nous l'avons dit, naturels, expressifs, variés et nobles, mais encore il faut qu'ils soient plus ou moins développés, plus ou moins soutenus, selon la nature et la longueur des phrases ; que ceux qui se succèdent aient entre eux une espèce de liaison, et qu'on remarque, dans celui qui se fait actuellement, la suite de celui qui a précédé, et la préparation de celui qui va suivre; surtout que celui employé à la fin du discours, ne se termine qu'avec le discours même, et qu'il annonce que l'acteur se dispose à garder le silence.

Outre ces règles, il en est plusieurs autres. De ce nombre est celle de ne point user trop fréquemment de gestes indicatifs, ce qui s'appelle jouer le mot, et donne un air puéril à la déclamation. Les autres préceptes méritent peu de tenir ici leur place, et les novices les apprendront du maître le moins habile.

Je ne m'étendrai pas non plus sur ce qui concerne la marche dans la tragédie, et l'art de remplir le théâtre dans les monologues. A l'égard du premier article je me crois seulement obligé d'avertir qu'on a condamné justement l'usage des anciens comédiens, qui, dès qu'ils chaussaient la cothurne, paraissaient ne se mouvoir que par ressorts; mais que les principaux acteurs tragiques doivent s'éloigner également du ridicule d'une démarche trop contrainte, et de la trop grande simplicité d'une marche ordinaire.

CHAPITRE XX.

Objections.

Malgré l'évidence des principes contenus dans cet ouvrage, peut-être quelques comédiens s'obstineront à ne pas croire leur art aussi difficile que je le représente. Des enfans sont applaudis sur la scène : il n'est pas possible, me dira-t-on, qu'ils aient toutes les perfections que vous exigez.

Ce n'est presque pas la peine de réfuter ce raisonnement ; je ne nierai point qu'il y ait des talens prématurés : un heureux naturel, une éducation soignée, un grand exercice peuvent suppléer à l'âge chez certains sujets ; il n'est pas extraordinaire que leur enfance soit supérieure à la vieillesse de plusieurs personnes de théâtre s'ils ont plus travaillé en un court intervalle de temps que celles-ci n'ont travaillé en toute leur vie ; mais ces exemples sont rares. Avec beaucoup plus de mérite, et quelques années de plus, la plupart des enfans que nous admirons nous paraîtraient fort imparfaits.

On fait une seconde objection, et l'on cite des actrices qui, ayant passé leurs jours dans la dissipation et la mollesse, ont acquis cependant un nom au théâtre.

Pour argumenter sur de pareils faits il faudrait qu'il fût bien certain que ces sujets si vantés étaient véritablement dignes de tous les applaudissemens qu'ils ont reçus ; j'ai déjà prouvé (1) que si quelques unes des personnes de théâtre, dont on nous fait tant d'éloges, n'ont point eu d'esprit, elles n'ont pas excellé dans leur art autant qu'on le prétendait. Je ne craindrai point d'avancer ici que, même avec un esprit supérieur, si par un travail opiniâtre elles n'ont pas cultivé leurs talens, elles ont été fort éloignées de la perfection qu'on leur a supposée. Qu'une comédienne ait charmé tant qu'on voudra le plus grand nombre de ses contemporains ; dans le siècle dernier, la multitude se trompait comme elle se trompe dans le nôtre ; que cette comédienne ait été louée, même par des poètes célèbres ; peut-être ne se connaissaient-ils pas mieux en déclamation que quelques uns de nos beaux esprits modernes, et peut-être

---

(1) Première Partie, chap. i.

d'ailleurs le cœur avait-il plus de part que l'esprit à leurs décisions.

. Il se présente une troisième objection plus forte en apparence que les deux premières. Sans étude, on donne dans la conversation à chaque idée, à chaque sentiment le ton qui lui convient; pourquoi des comédiens ne pourraient-ils pas en faire autant pour les idées et les sentimens qu'ils sont obligés d'exprimer au théâtre?

Ma réponse sera courte; tel homme qui, en parlant, a les inflexions les plus fines et les plus variées, lit quelquefois fort mal ses propres écrits, et le meilleur lecteur conviendra qu'il a eu besoin de s'exercer long-temps pour parvenir à lire comme il faut les ouvrages de certains genres, particulièrement les contes et les comédies en vers. S'il se trouve tant de difficultés dans la simple lecture, combien en trouvera-t-on dans la déclamation, qui est à la lecture ce qu'est un tableau à une esquisse simplement crayonnée!

CHAPITRE XXI.

Remarque qui ne sera peut-être pas inutile pour certains acteurs.

Plus l'art de représenter les ouvrages dra-matiques est difficile, plus il importe au comédien de s'attacher à connaître ses forces, et de ne pas entreprendre au-delà de ce qu'elles lui permettent.

De temps en temps le théâtre nous offre des protées capables de prendre toute sorte de formes. On a vu la même comédienne, également habile dans la science de toucher et dans celle de divertir, exciter à son gré les larmes et les ris des spectateurs; un moment après avoir été prise pour la veuve de Pompée, elle paraissait être la soubrette de l'épouse de George Dandin, et Claudine réjouissait autant que Cornélie s'était fait plaindre et admirer; de même le Roscius français, avant ses dernières années, était tout ce qu'il voulait être; c'était Joad, Achille, Pyrrhus, Auguste, Néron; c'était le Misanthrope, l'Étourdi, le Jaloux, l'Homme à bonnes fortunes;

vous auriez cru que la nature dans cet acteur avait mis plusieurs hommes différens.

Il est des personnes de théâtre qui, en se renfermant dans les bornes de leur talent, se distingueraient sur la scène. A l'exemple de ces grands modèles elles embrassent tous les genres, et dans tous elles demeurent médiocres.

D'autres plus modestes n'en choisissent qu'un, mais elles ne choisissent pas celui pour lequel la nature les destinait. Une actrice a de l'esprit et de la finesse ; elle brillerait dans le comique ; elle n'a point l'élévation d'âme ni l'étendue de voix nécessaires pour le sublime et pour le pathétique, et elle croit pouvoir jouer la tragédie. Les seuls rôles de charge conviennent à ce comédien ; il ne se plaît que dans ceux qui demandent des grâces et de la noblesse. Cet autre acteur est fait pour les personnages subalternes ; il n'est point content s'il ne représente les héros. J'ai rencontré plus d'un comédien attaqué de cette folie. Un d'eux voulant un jour passer d'une troupe dans une autre, parce que dans cette dernière on lui offrait les premiers rôles, communiqua son dessein à un de ses amis. *Peut-être ferez-vous bien,* lui répondit cet ami sincère. *Du moins n'êtes-vous pas propre pour les personnages du second ordre.*

~~~~~~

CHAPITRE XXII.

Conclusion de cet ouvrage.

Aux observations qu'on a lues je pourrais ajouter l'examen de plusieurs questions relatives à la matière que je traite. Pour ne pas être trop long, je répondrai seulement à quelques unes.

Il vient d'être fait mention de personnes de théâtre pour lesquelles le choix des rôles semblait être indifférent, qui dans tous étaient également applaudies. N'auraient-elles pas encore plus excellé, si, optant entre le tragique et le comique, elles s'étaient appliquées à un seul de ces deux genres?

Je n'oserais l'affirmer, mais je sais qu'en général cela doit être ainsi, chaque genre demandant lui seul une si longue étude, et l'un exigeant souvent des parties fort opposées à celles dont on ne peut se passer dans l'autre. J'avouerai même que je crois impossible de réussir en même temps à un certain point dans

la tragédie et dans certains rôles comiques.
Par exemple, malgré l'usage presque constamment établi, je n'approuverai jamais que
le même acteur entreprenne de représenter
les rois et les paysans.

Une seconde question suit naturellement
de la première. Est-il plus aisé de se distinguer dans la comédie que dans la tragédie?

Les avantages naturels qu'on désire également chez les acteurs tragiques et chez les
comiques doivent être plus parfaits chez les
premiers. D'autres avantages dont les tragiques ont besoin, et qui ne sont pas nécessaires aux comiques, sont plus rares; par conséquent il se trouve moins de sujets propres
pour la tragédie que pour la comédie. Il n'est
pas douteux non plus que les parties qui con-
cernent l'extérieur du comédien ne demandent une moins longue culture chez l'acteur
comique que chez le tragique. A l'égard de
celles qui regardent la finesse du jeu, peut-
être exigent-elles du premier beaucoup plus
d'étude qu'elles n'en exigent du second. Ici, je
parle de la finesse du jeu, requise pour jouer
le comique proprement dit. Des pièces dénuées de toute action théâtrale, et qui ne sont
qu'un tissu de conversations, seront repré-

sentées toujours avec succès et sans beaucoup de travail, même par des comédiens d'un médiocre talent, dès qu'ils auront des grâces, un peu d'usage du monde, et quelque intelligence.

Pour un acteur qui se destine au cothurne, quelles sont les tragédies les plus faciles à jouer de celles de Corneille ou de celles de Racine?

Sur cet article, une personne de théâtre doit se consulter elle-même. Telle pièce, pour un comédien, sera plus facile à jouer, pour un autre sera plus difficile. Celles qu'un acteur jouera le mieux, seront celles qui auront le plus de rapport avec son caractère. Si la tendresse est sa passion favorite, qu'il choisisse Racine. Si le grand et le majestueux font plus d'impression sur lui que le tendre et le délicat, qu'il préfère Corneille.

Par mes réponses à ces trois seules questions, on doit conclure que pour jouir d'un spectacle parfait, il faudrait presque avoir des comédiens, non seulement pour chaque genre de pièces, mais encore pour chaque espèce particulière de rôles.

De cette conséquence j'en tirerai une autre, par laquelle je terminerai cet ouvrage. On se plaint que d'excellens acteurs qui, pour se

prêter aux besoins du théâtre, représentent
une infinité de personnages différens, ne réussissent pas dans quelques uns. On devrait au
contraire être surpris qu'obligés d'étudier
sans cesse de nouveaux rôles, ils en jouent
supérieurement un si grand nombre. Bien
loin de les rebuter par une injuste censure,
accordons-leur toute l'estime qu'ils ont droit
d'attendre de nous. Évitons aussi de décou-
rager par une sévérité déraisonnable les acteurs novices qui joignent aux avantages naturels que leur profession exige, l'émulation
nécessaire pour mériter par la suite nos applaudissemens.

Surtout, ne nous laissons point gagner par
la manie triste des admirateurs du temps
passé, lesquels croient que le présent lui est
toujours inférieur. Désirons avec eux que certains rôles soient joués avec plus de vérité,
d'autres avec plus de feu, quelques uns avec
plus de grâces; mais ne nous dissimulons
point que nos pères ainsi que nous ont eu souvent occasion de faire de pareils souhaits.

FIN.

TABLE DES MATIÈRES

CONTENUES DANS CE VOLUME.

FIN DE LA TABLE

DE L'IMPRIMERIE DE CRAPELET,

RUE DE VAUGIRARD, N° 9.

www.ingramcontent.com/pod-product-compliance
Lightning Source LLC
Chambersburg PA
CBHW071608220526
45469CB00002B/274